LUKAS DIESTEL & JONATHAN LÖFFELBEIN

Worst of Chefkoch

GOLDMANN

Lesen erleben

Lukas Diestel & Jonathan Löffelbein

PRÄSENTIEREN

Worst of Chefkoch

Die Rezeptsammlung des Grauens

GOLDMANN

Verlagsgruppe Random House FSC® N001967

1. Auflage
Originalausgabe Oktober 2018
Copyright © 2018 by Wilhelm Goldmann Verlag, München,
in der Verlagsgruppe Random House GmbH,
Neumarkter Straße 28, 81673 München
Umschlaggestaltung: UNO Werbeagentur, München
Lektorat: Doreen Fröhlich
DF · Herstellung: kw
Satz: Uhl + Massopust, Aalen
Druck und Einband: Druckerei DZS Grafik, Ljubljana
Printed in Slovenia
978-3-442-15979-6
www.goldmann-verlag.de

Besuchen Sie den Goldmann Verlag im Netz

Inhalt

Vorwort

Liebe Freundinnen und Freunde der gehobenen Cuisine,

dass aus unserer kleinen Blog-Idee im Biergarten mal dieses Buch entstehen würde, hätten wir damals sicher nicht gedacht. Auch nicht, dass wir mit unserem Blog »Worst of Chefkoch« Foodblogger des Jahres 2017 werden würden und jetzt mit einer Koch-Lese-Show durchs Land ziehen dürfen. Umso schöner, dass genau das alles eingetreten ist.

Angefangen hat alles mit ein paar absurden Rezepten auf chefkoch.de, dem größten Rezeptportal im deutschsprachigen Raum, die wir uns zur gegenseitigen Belustigung hin- und hergeschickt haben. Nach dem spontanen Entschluss, die Rezepte auf einem Blog zu sammeln und zu kommentieren, stellte sich relativ schnell heraus, dass wir damit scheinbar einen Nerv getroffen haben.

Möglicherweise haben die Leute im Internet mittlerweile einfach genug Bilder von perfekt ausgeleuchtetem, penibel angerichtetem Essen gesehen. Ob einfache Spaghetti mit Tomatensoße, Lachsschnittchen oder Butterbrot, alles wird für Instagram und Co. aufgepimpt bis zum Gehtnichtmehr. Dazu haben wir einen Gegenpol geliefert, der nun in diesem Buch kulminiert.

Was ihr hier in den Händen haltet, ist sozusagen ein Anti-Kochbuch. Es ist das Ergebnis einer Schatzsuche nach den verrücktesten, ekligsten, lustigsten, komischsten Rezepten auf chefkoch.de. Zum Teil von uns selbst ausgeschnüffelt, zum Teil von unseren treuen Helfern in der Community. Alle Rezepte und Bilder in diesem Buch gibt es tatsächlich in dieser

Form auf chefkoch.de. Zusätzlich zu den Rezeptkommentaren, die auch auf unserem Blog zu finden sind, findet ihr in diesem Buch für jedes Gericht eine eigens geschriebene Kochanleitung. Und bei so absurden Rezepten wie diesen führt das unweigerlich zu, na ja, sagen wir mal: unkonventionellen Kochanleitungen.

Diese Schatzsuche hat uns wahnsinnigen Spaß gemacht, und wir hoffen, euch geht es genauso. Viel Spaß beim Lesen, Lachen und auch Nachkochen, wenn ihr mutig genug seid. Für aus diesem Buch resultierende Beschwerden wie Durchfall, Verstopfung, Übelkeit, unkontrolliertes Übergeben oder geschwächten Lebenswillen übernehmen wir keinerlei Verantwortung.

In diesem Sinne: Guten Durst und guten Hunger!

Jonathan & Lukas

Vorspeisen

Tomatenplatte á la Andi

Tomatenplatte á la Andi

gut für Partys oder zum Abendbrot geeignet

Zutaten

4 große	Tomate(n), (Stauchtomaten), oder 8 mittelgroße
1 m.-große	Zwiebel(n), (in Würfel geschnitten)
	Pfeffer
	Fondor
	Salz
	Maggi

Andi ist von der Sorte Mensch, die in einer Baumschule arbeitet, sich aber trotzdem »Branch Manager« auf die Visitenkarte druckt. Man muss sich halt zu verkaufen wissen. Geschnittene Tomaten mit Salz, Pfeffer, Geschmacksverstärker in Pulverform und Geschmacksverstärker in flüssiger Form? »Tomatenplatte á la Andi«! Nur echt mit accent aigu auf dem a. Den gibt's zwar eigentlich nur auf einem e, aber in der hemmungslosen Turbowelt von Andi ist alles möglich. Gut für Partys, auf denen so viel Koks durch die Gegend fliegt, dass das bisschen Fondor gar nicht weiter auffällt. Guten Hunger!

Zubereitung

Um dieses raffinierte Rezept zuzubereiten, brauchen Sie vor allen Dingen eins: den richtigen Mindset. Channeln Sie Ihren inneren Christian Lindner. Wiederholen Sie, vor einem Spiegel, wenn nötig stundenlang: »Ich bin ein Gewinner, ich kann wie Andi sein!« Zwinkern Sie sich dabei aufmunternd zu. Wenn Sie sicher sind, dass Sie einfach Überfliegermaterial sind, gilt es schnell zu handeln, bevor Sie sich wieder bewusst werden, was Sie hier gerade tun. Sprinten Sie in die Küche, schneiden Sie die Tomaten in Scheiben, und werfen Sie diese auf einen Teller. Nehmen Sie nun eine Kreditkarte zur Hand und schieben Sie damit auf einer möglichst sauberen Arbeitsfläche das Fondor zu kleinen Linien zusammen. Mit einem zusammengerollten Geldschein können Sie das Pulver anschließend in die Nase ziehen. Hiervon werden Sie niesen müssen, und das Fondor rieselt, wie von Zauberhand, gleichmäßig verteilt auf die Tomaten nieder. Was für ein Gewinnerniesen! Streuen Sie jetzt etwas Salz und Pfeffer über die Tomaten. Und nun können Sie einfach loslassen. Schauen Sie auf das Glutamat-Monster, das Sie da kreiert haben. Wenn Ihnen an dieser Stelle Tränen kommen, macht das gar nichts, denn als Nächstes werden ohnehin die Zwiebeln geschnitten. Schmeißen Sie die gewürfelten Zwiebeln grob in Richtung Teller, denn ganz unter uns, je weniger davon auf dem Gericht landen, desto besser. Am Ende träufeln Sie 1 bis 2 Tropfen Maggi auf jede Tomate, damit es nur noch nach

Maggi schmeckt und alle anderen Arbeitsschritte im Nachhinein vollkommen sinnlos erscheinen. Aber egal, willkommen im Club der Macher, willkommen in der Turbowelt des 110%-Andi. Sie sind ein Gewinner! Sie sind ein Gewinner! Glückwunsch dazu!

Gebackener Mett-Bananen-Toast mit Curry

Gebackener Mett - Bananen - Toast mit Curry

Zutaten

4 Scheibe/n	Toastbrot (am besten Sandwich-Toast)
500 g	Mett (Thüringer Mett oder anderes gewürztes Hackfleisch)
2 Stück(e)	Banane(n)
	Currypulver nach Geschmack

Wie man an diesem Rezept leicht sieht, kann man auch mit den harmlosesten Zutaten eine (widerliche) Menge anrichten. Nicht nur, dass hier auf eine Scheibe Toast satte 125 g Mett kommen, das Ganze muss natürlich auch noch mit Bananen und Currypulver bedeckt werden, bevor es in die Röhre kommt. Woran liegt es, dass kulinarische Kleinkriminelle scheinbar magisch von Bananen angezogen werden? Ist es die Form, die der gelben Fleischwurst der Natur ihre Beliebtheit verschafft? Die Antwort ist, wie so oft: Niemand weiß es. Und vielleicht ist das auch ganz gut so. Guten Hunger!

Zubereitung

Tuuut *Tuuut* *Tuuut* *KLICK*

»Ja, hallo, hier ist der Domi, wen habe ich denn in der Leitung?«

»Hallo, hier ist Lenchen.«

»Lenchen. Stimmt das? Lenchen, 1986?«

»Ja, das stimmt.«

»Mensch, ich höre Sachen hier heute Abend.«

»Du, äh, erst mal, grüß dich. Und mein Thema ist folgendes … ähm … meine sexuellen Fantasien und Neigungen.«

»Ja?«

»Und zwar … ähm … ziemlich ungewohnt vielleicht. Und zwar – bei mir ist Folgendes.«

»Mhm.«

»Einmal im Monat überkommt es mich, dann bin ich sexuell erregt. Und zwar – jetzt nicht mit einer Frau zu schlafen oder einem Mann, sondern … mit Hackfleisch. Und zwar – ich geh einmal im Monat in einen Metzgerladen rein. Kaufe mir 500 Gramm Hackfleisch …«

»Ja, klar.«

»… und wenn ich dann das alles nach Hause gebracht habe – ähm … tu ich mal meine Küche umrichten. Tu sie abdecken und alles. Und … dann, na ja. Verteile ich das Hackfleisch auf zwei Scheiben Toast. Und das tut mich schon allein – schon wenn ich das Hackfleisch berühre und in meinen Händen hab, dann tut mich das schon … äh … stimulieren.«

»Mhm.«

»Allein dieser feuchte Brei, den ich in der Hand hab, das finde ich schon – erregend. Und das geht dann so weit, dass ich es mit dem Hackfleisch treibe. Das heißt, ich lege, soweit es möglich ist, lege ich auf das Hackfleisch auch noch Bananen drauf.«

»Ja. Und?«

»Und ich meine, je länger das geht, je länger ich das spüre, das glitschige Zeug, Bananen und Mett auf meiner Haut, bei den Füßen angefangen, bis zum Kopf…«

»Du reibst dich dann auch mit diesem Mett-Bananen-Toast ein?«

»Ja, und dann streue ich da noch Curry drauf, und dann schiebe ich das in den Ofen bei 250 Grad für 20 bis 25 Minuten, bis die Bananen so richtig schön eingeschrumpelt sind.«

»Ja… ähm… dir ist ja klar, dass wir alle hier jetzt erst mal ein bisschen lachen müssen, ne?«

»Ja klar. Das stimmt.«

»Und dir ist auch klar, dass wir alle jetzt erst mal ein bisschen denken, ich auch, verarscht sie uns jetzt?«

»Ne, ne, verarschen auf keinen Fall. Ich meine, es gibt ja heutzutage auch viele Sachen, Fleischwurst…«

»Ja, ja, es gibt viele seltsame Dinge. Und… wir wollen jetzt ernsthaft darüber reden?«

»Ja.«

»Hast du eine Beziehung?«

»Ne, nicht mehr, seit eineinhalb Jahren nicht mehr.«

»Und das war eine normale Beziehung mit normaler Sexualität?«

»Ja, auch.«

»Okay – haha, aber mit diesem – es ist skurril –, mit diesem Mett-Bananen-Toast, seit wann weißt du das, seit wann praktizierst du das?«

»Seit zwei Jahren, würde ich circa sagen.«

»Wie kam es denn zu dem Hackfleisch?«

»Tja, ich hatte mal einen Bekannten gehabt … hm … der war halt in der Metzgerszene mit drin, und da war ich mal dabei gewesen, und da hat er mir mal was von berichtet, dass er auch solche Neigungen hat.«

»Aja.«

»Also nicht so extrem wie ich heute, aber dass er da auch schon mal so was ausprobiert hätte, und da hat er mir mal erzählt, dass es reizvoll ist, so einen Toast zu machen. Tja, und danach ging dann auch meine Beziehung in die Brüche.«

»Wegen des Toasts?«

»Ja.«

»Ja, völlig zu Recht. Das ist doch krank. Da ist ja selbst – pfff … keine Ahnung! Da wäre es im Vergleich ja selbst normal, sich aus 60 Kilogramm Hack einen Menschen nachzubauen und damit zu schlafen, also echt ey.«

»Oh. Okay. Tja … Danke auf jeden Fall.«

»Tschüss.«

»Tschüss.«

KLICK *Tuuut* *Tuuut* *Tuuut*

Peperoni in Knoblauchmilch

Peperoni in Knoblauchmilch

mazedonische Vorspeise

Zutaten

750 ml	Milch
8	Peperoni, frisch, grün oder grün-orange
4 Zehe/n	Knoblauch, gepresst
	Salz
n. B.	Weißbrot zum Eintunken

Ich saß mal in der Straßenbahn neben jemandem, der abartig aus der Oberklappe nach alter Milch und Knoblauch gestunken hat. Seit heute weiß ich endlich, es muss »Veitkoch«, der Ersteller dieses Rezeptes, gewesen sein. Die erste Regel von Veitkoch ist: Man redet nicht über Veitkoch. Die zweite Regel von Veitkoch ist: Man versiegelt nach Einnahme seiner angeblich mazedonischen Vorspeise alle Körperöffnungen hermetisch, sonst gnade einem Gott. Alle Körperöffnungen? Ja, alle Körperöffnungen! Guten Hunger!

Zubereitung

Es ist gut, dieses Rezept parat zu haben. Es ist vielleicht das einzige Rezept in diesem Buch, das uneingeschränkt zu empfehlen ist. Nicht weil es schmeckt, nein, sondern weil es sehr leicht zuzubereiten ist und einem viele Strapazen ersparen kann. Man braucht lediglich die 4 Knoblauchzehen in die Milch pressen, dann die Peperoni dazugeben und alles in einem Topf erhitzen, bis es leicht in Wallung gerät. 2 bis 3 Minuten köcheln lassen, dann die nunmehr erhitzte Peperoni kurz abwaschen, die warme Milch durch ein Sieb gießen und die Peperoni wieder zur Milch geben. Fertig ist Ihr Mundgeruch auf Knopfdruck. Jetzt suchen Sie sich also einen alten Parfümzerstäuber, waschen den einmal gründlich aus (oder auch nicht, who cares, really) und füllen die Suppe da rein. Ab in die Tasche damit und von nun an, ganz entspannt, allen unangenehmen Situationen aus dem Weg gehen. Jemand labert Sie in der Stadt an, obwohl Sie Ihre Ruhe wollen? Kurz wegdrehen, das Vampirtränengas großzügig in den Mund sprühen und Kopf wieder zurückdrehen. Schon verkürzen sich alle Gesprächsgesuche auf ein Minimum, glauben Sie mir. Auch werden Sie sich von nun an keine Sorgen mehr machen müssen, im öffentlichen Nahverkehr einen Platz zu bekommen. Selbst in der überfülltesten Bahn wird sich plötzlich, wie von Geisterhand, ein angenehmer Raum um Sie auftun, egal wo Sie sich befinden. Eine letzte, nicht zu verachtende Möglichkeit zur Nutzung von »Peperoni in Knoblauchmilch« ist die tatsächliche Verwendung als Vorspeise. Dieser Schachzug bringt den Vorteil mit sich, dass alle Gäste nach der Vorspeise gehen. Man braucht also keinen Hauptgang und auch keinen Nachtisch, geschweige denn sonst irgendwas vorbereiten und kann, wenn der letzte Gast kotzend das Haus verlässt, den Abend in Ruhe alleine auf der Couch verbringen, wie es sich gehört. Da stört es dann auch niemanden, dass man aus allen Körperöffnungen maximalst nach Knoblauch stinkt.

Mikrowellen-Käsebrot

Mikrowellen - Käsebrot

leckeres und warmes Essen, wenn es mal sehr schnell gehen muss

Zutaten

4 Scheibe/n	Brot(e), wahlweiße dunkles oder helles
100 g	Käse (Gouda), geriebener
100 g	Käse (Emmentaler), geriebener
wenig	Butter
	Salz
	Pfeffer
	Paprikapulver oder Muskat
n. B.	Kräuter, frische

Studentenessen ist Massenessen, sagen böse und satte Zungen. Wir aber bleiben hungrig und beweisen das Gegenteil: Denn das »Mikrowellen – Käsebrot« ist nicht nur schnell und nahrhaft (Butter!), es lässt unzählige Variationen zu: viel oder wenig Butter, Salz, Pfeffer und bei Bedarf sogar Kräuter! Und die Verwegenen können den blubbernden Götternektar noch wie im Bild mit (vermutlich) Gewürzgurkenscheiben garnieren. Guten Hunger!

Zubereitung

Du steigst aus dem Bett, drehst den Swag erst einmal ordentlich runter, denn die Welt dreht sich von gestern noch ein wenig zu schnell, und diese popkulturelle Anspielung ist sowieso seit sieben Jahre veraltet. Aber das ist okay. Gestern war es mal wieder etwas zu viel gewesen. Spätestens als Steffen, dieser Streber aus deinem Seminar »Rhetorik des Gartenbaus«, relativ unvermittelt auf den Küchentisch sprang und brüllte: »Wer hat Bock, dass ich das nächste Bier mit meinem Arschloch öffne?!«, spätestens da hätte es dir dämmern können: Menschen sind dumm. Und besoffene Menschen sind noch dümmer. Es half wohl auch nicht, dass du Steffen, nicht wie er verlangte, ein Bier mit Ploppverschluss, sondern mit Kronkorken rüberreichtest. In Gedanken siehst du Steffens blutendes Hinterteil vor dir und auch sein strahlendes Gesicht, als er bierselig das Frischgeöffnete exte. Nachträglich nickst du anerkennend. Aus irgendeinem Grund bekommst du jetzt Hunger. Das solltest du mal im Psychologie-Seminar ansprechen, das klingt ungesund, aber für mehr Gedanken reicht die Kapazität deines Hirns gerade nicht. Das Bier hockt in den Synapsen. Seien wir ehrlich, du hast gerade erst angefangen zu studieren, du bist im ersten Semester, dir ist Essen so ziemlich egal, du willst mit fremden Menschen rumknutschen und dich ab und zu schlau fühlen (»Die Architektur dieses Gartens versucht unsere Aufmerksamkeit auf die zentrale Statue zu lenken, uns also in der Wahrnehmung der Welt zu persuadieren.« ES

IST NUR EIN GARTEN MIT NER PIMMELSTATUE IN DER MITTE, MEINE FRESSE) – und das ist okay. Also nimmst du dir irgendein Brot, welches, ist eigentlich egal, grabschst nach irgendeinem geriebenen Käse, auch da ist es eigentlich egal, nur nicht zu viel Geschmack bitte, denn Geschmack ist Geld. Aber halt! Du bist eine Person von Welt, hier wird nicht gespart, nicht umsonst zahlen Muttern und Vattern 600 Euro an ein privates Wohnheim. Diese nach Bierpups und Selbstüberschätzung miefende Höhle aus Klamottenhaufen (links sauber, rechts schmutzig, aber die Unterhose riecht nicht so schlimm, also im Notfall geht die noch mal) ist DEINE miefende Höhle! Wie ein höheres Wesen nimmst du ein wenig Butter, streichst es über die flockige Struktur des Brotes, gleitest über das Bäckereiprodukt hinweg, das Messer fliegt gar, so streichzart, so frei! Dann Käse drüber, vielleicht noch Gewürze, wenn vorhanden, und in die Mikrowelle. Als du das dampfende Meisterwerk deiner Selbstständigkeit aus dem Ofen der Armen nimmst und dich setzt, spürst du ein kleines Stechen in deinem Po. Na, hat sich da etwa ein frecher Kronkorken drin versteckt? Steffen, dieser kleiner Schlingel, hat er sich etwa gerächt, als du blackout-drunk neben dem Klo schliefst? Ja. Ja, das hat er. Du denkst an deinen Anus, beißt in das Brot, schmeckst deine studentische Freiheit und hast wieder etwas Neues gelernt: Käsebrot in der Mikrowelle ist kein Rezept. Und du hast einen neuen Fetisch.

2-Minuten-Snack

2 - Minuten - Snack

Zutaten

4 Scheibe/n	Toastbrot, (Sandwichtoast)
4 Scheibe/n	Leberkäse
4 TL	Senf
2 Spritzer	Pflanzencreme zum Braten

Klar kann man sich Leberkäse auf ein mit 1 TL Senf bestrichenes Toastbrot legen, aber ob man das dann als »Rezept« bei Chefkoch hochladen muss, steht auf einem anderen Blatt. Man bedenke dabei die alte Küchenweisheit: Wenn du für das Garnieren länger brauchst als für die eigentliche Speise, dann läuft was falsch. Ein anderer 2-Minuten-Snack geht übrigens so: 1,5 Minuten mit dem Kopf gegen eine Wand laufen und dann einfach mit einem großen Löffel aus dem Mülleimer schaufeln. In diesem Sinne: Guten Hunger!

Zubereitung

Es ist in unserer schnelllebigen Zeit, und korrigieren Sie mich bitte, wenn ich mich irren sollte, wichtig, nein, regelrecht essenziell, alles so effektiv, durchgeplant, oder einfacher gesagt, so schnell wie irgend möglich, im besten Falle sogar noch schneller, zu Ende zu bringen, zu erledigen. Ob es die Arbeit ist (viele Menschen gehen einer sogenannten Beschäftigung nach), das Essen oder der Toilettengang, die Hygiene, der Einkauf, ja, oder selbst die Hobbys. Ja, Sie haben richtig gelesen. Manche Menschen versuchen, sogar ihre Hobbys dergestalt zu gestalten, in möglichst wenig Zeit möglichst viel zu erleben, sofern möglich. Nun werden die Menschen sicherlich nicht damit beginnen, beispielsweise einen Kinofilm auf doppelter Geschwindigkeit zu schauen. Oder vielleicht werden sie genau das irgendwann tun. Warum auch nicht, spart man doch Zeit. Und Zeit ist ja bekanntlich Geld, was sich wiederum im Austausch gegen Waren verwenden lässt. Kaufen kann man heutzutage alles, und am besten angelegt ist das Geld in Toastbrot und Leberkäse. Das kostet zum einen nicht viel, und zum anderen kann man daraus den 2-Minuten-Snack zaubern (man brät den Leberkäse, toastet den Toast und platziert dann den Leberkäse auf eben diesem Toast) und dadurch wieder jede Menge Zeit sparen. Und Zeit ist ja, wie wir wissen, Geld. Also hat man etwas Geld ausgegeben und dafür Geld (Zeit) zurückbekommen. Und sogar noch was zu essen obendrauf. Ist ja herrlich. Ein Perpetuum mobile aus Geld und schlechtem Essen. Nie wieder arm, nie wieder hungrig.

Mit Käse überbackener Käse

Mit Käse überbackener Käse

Low carb Vorspeise oder Snack

Zutaten

250 g	Halloumi
60 g	Raclettekäse mit Knoblauch
30 g	Parmesan
etwas	Rosmarin

Der »Backologe«, wie sich der/die Verfasser*in dieses Rezeptes nennt, muss jener Typ Mensch sein, der von einer Sache so sehr begeistert ist, dass er sie für alle anderen ruiniert. »Haha, Bacon, voll geil, hier Frühstück, eine Scheibe, noch eine, komm, noch eine, haha, komm, ganze Packung, oder doch gleich zwei, ne, war nur Spaß, haha, Bacon!« Verdammt noch mal, wir haben es verstanden! Du »feierst« Bacon, Deadpool ist »megawitzig« und Terminator »legendär«, aber halt dein

Maul jetzt! Eine Sache wird nicht besser, wenn man sie 24/7 grundlos zündet. Das trifft auf *Inception* zu (»Bester Film aller Zeiten! So viele Bedeutungsebenen! Wow!«) und genauso auf diesen Low-Carb-Snack aus der Kategorie Trennkost. Doch der Backologe wird sich nicht Einhalt gebieten lassen, denn wahrscheinlich wird alles kategorisch mit Käse überbacken, voll witzig, ey! Dennoch. Guten Hunger!

Zubereitung

Hallo, kleiner Halloumi. Oder einfach nur Hallo-umi, du Frechdachs. Na, was machst du gerade? Wie knuffig du hier einfach nur herumliegst und ein wenig schwitzt. Da will man dich ein wenig kitzeln und sich an deine quietschende Haut schmiegen! Doch halt – was ist das?! Deine Verpackung zittert, neben dir rutscht ein Teller vom Tisch und zerspringt auf dem Boden! Der Parmesan, mit dem du dich doch so gut verstehst, obwohl er außen so hart ist, wimmert aus Angst. Und selbst dieses Arschloch, der Knoblauch-Raclettekäse, selbst dieser große Stinkstiefel schaut panisch hin und her. Was geschieht hier? Ein Poltern ertönt, ein tiefes Gurgeln und Dröhnen. Die Laktose gefriert in deinen Adern. Der Boden bebt. Parmesan schaut zu dir, öffnet den Mund, doch er spricht nicht. Neben dir sondert der Raclettekäse Flüssigkeit ab. Er hat sich in die eigene Verpackung gemacht. Jetzt hüpfst du auf und ab, aber nicht weil du so gerne springst. Es ist die unglaubliche Erschütterung des Bodens unter dir, die deinen viereckigen Käsekörper in die Luft und wieder auf den harten Tisch treibt. Dann, auf einmal, ist es still.

»Bin da-haaa. Wer no-hooooch?«, erschüttert wummernder Schall die Luft. Selbst Parmesan scheint jetzt ein Weichkäse zu sein. Eine gigantische Mütze steigt empor, wächst in die Lüfte, Augen folgen, wie du sie noch nie sahst. Schwarz und ohne Gefühl. Dazu ein riesiger Leib, ein Bart nur am Kinn, ein Korpus bedeckt von einer schier undenkbaren Fläche Stoffe, auf der groß und breit »Han shot first« zu lesen ist. »Yippie Kay Yay, Schweinebacke!«, ruft das gottlose Monstrum vor dir, welches aus einer versunkenen Dimension zu stammen scheint. Es packt Parmesan, presst dessen Gesicht auf ein dir unbekanntes Instrument und – reibt es ab. Nur langsam verstummen die Schreie deines besten Freundes. Dann reißt er dem Raclettekäse die Verpackung vom Körper. Nackt und bibbernd liegt er da. Dann öffnet er auch deine und klatscht den nach Knoblauch dünstenden Raclette auf dich. Schockiert seht ihr zu, wie das Wesen, das seine käseverachtende Freude daran zu haben scheint, das Gesicht von Parmesan auf euch streut. Dabei trällert es einen Gesang, dessen Melodie nicht nachvollziehbar ist und die allein durch ihre Schaurigkeit deine Käseglieder lähmt. »IIIII've been looking for freeeeeeedom!« Dann hebt euch das Wesen auf, legt euch aufeinandergeklebt, besprenkelt mit dem Gesicht deines besten Freundes, auf kalten Metallboden, trägt euch fort und schiebt euch in eine elektronische Höhle, in der ihr wartet. Anfangs ist dir kalt. Als es wärmer wird, braucht es einige Zeit, bis du, kleiner Halloumi, merkst, dass es nicht die Körperwärme des bibbernden Raclettekäses ist, die die Kälte vertreibt. Doch es ist zu spät. Nach zehn Minuten bei 255 Grad ist dein Gesicht geschmolzen und dein Körper zusammen mit dem von Raclette und den Resten von Parmesan eine tote Masse geworden.

Versteckte Bananen a la Christa

»Das ist mir wirklich noch nie passiert«, stammelte Florian. Er hatte sich von Christa abgewandt, um die Röte, die nun in sein Gesicht schoss, zu verbergen. »Ist schon okay«, sagte Christa, doch es schien Florian, als würde Enttäuschung in ihrer Stimme liegen. Er war das Rezept vor ihrem ersten Date sicher tausendmal im Kopf durchgegangen, und trotzdem war ihm nun, als er seine feste Banane endlich in Christas Parmaschinken verstecken wollte, der komplette Sahne-Meerrettich vorzeitig ausgelaufen. Aus der Traum von der herzhaften Zwischenmahlzeit … Falls ihr jemals nach einem Date »Kommst du noch auf 'ne versteckte Banane mit nach oben?« hört, dann lauft einfach weg, und zwar so schnell ihr könnt. Es ist das Risiko nicht wert, herauszufinden, was genau gemeint ist. Falls ihr aber nicht Nein sagen könnt, dann bleibt uns nur noch eins zu sagen: Guten Hunger, und was immer ihr tut, wascht euch danach die Hände!

Zubereitung

Wir bei Christa & Co GmbH versuchen natürlich alles so diskret wie möglich abzuwickeln, ein paar kleine Sachen müssen wir trotzdem vorab klären, ich hoffe, Sie verstehen das. Sie wollen also Ihre Banane verstecken, das ist für uns grundsätzlich kein Problem. Mit Ihrer Unterschrift akzeptieren Sie unsere Versteckbedingungen und versichern, dass sich die Banane rechtmäßig in Ihrem Besitz befindet, Sie nicht illegal zu Ihrer Banane gekommen sind und die Banane frei von Keimen allerlei Art ist. Nach bestem Wissen und Gewissen bestätigen Sie uns außerdem, dass die Banane weder international per Saftbefehl gesucht noch für ein Gericht geladen ist. Dann bitte einmal hier und hier unterschreiben. Danke. Noch eine Information für Sie. Um die optimale Versteckung der Banane zu gewährleisten, müssen Sie sie mit einem Sahne-Meerrettich-Präparat bestreichen und in Parmaschinken hüllen. Nein, das ist nicht optional, tut uns leid. Nun, Sie haben bereits unterschrieben, insofern wird Ihnen da bedauerlicherweise nichts anderes übrig bleiben. Jetzt beruhigen Sie sich doch, ich versichere Ihnen, dass weder der Meerrettichbestrich noch der Schinken der Banane dauerhaft schaden. Wie, das schmeckt nicht? Ach so, hahaha, Sie wollten die Banane noch ESSEN?

Hahaha, Carola, komm mal rüber, der Typ hier wollte seine Banane essen. Ach Gottchen, haha, das ist mir ja noch nie untergekommen. Gut, in dem Fall machen wir natürlich eine Ausnahme, Sie dürfen Ihre Banane ohne die Sicherheitsvorkehrungen verstecken. Banane mit Meerrettich und Schinken zum Essen kann ja wirklich niemand wollen.

Ketchup-Ei

Ketchup - Ei

Zutaten

1	Ei(er), gekochtes
2 EL	Ketchup
1 TL	Senf, mittelscharfer

Täglich bedauern wir die Oberflächlichkeiten, die uns begegnen. Levi's, Lacoste, Gucci schmücken unsere Körper, werden immer mehr, bis sie unsere eigentliche Identität, die sie doch unterstreichen sollten (uhhh, schaut mal, ich habe Geld, uhhh), komplett verschlungen haben. Es ist Zeit für eine Rückbesinnung auf eine einfachere Zeit, eine Zeit vor dem Markenprodukt. Ganz so einfach wie in diesem Bild sollte man es sich aber nicht machen. Ist ja gut, dass man die ausbeuterischen Großmarken (shout out an Nestlé, die Arschlöcher) nicht unterstützen will, sich autonom seinen eigenen Belag zaubern möchte. Aber dann knall dir das Ei doch einfach so in den Korpus und transzendier das Ketchup danach in die Speiseröhre. Muss man das wirklich mischen und auf Knäckebrot legen?! Und die armen Basilikumblättchen zum Gespött der Restpflanze machen? Ja, das 21. Jahrhundert ist ein schwieriges, aber technologischer und kulinarischer Fortschritt haben auch ihr Gutes. Zum Beispiel müssen nicht mehr 80 % der Kleinkinder an mangelhaften Hygienezuständen zugrunde gehen. Oder wir diesen absurden Mischmasch da fressen. Guten Hunger!

Zubereitung

Wenn Sie gewillt sind, diesen »Aufstrich« zu »kochen«, dann sind Sie hoffentlich bei Ihrem Einkauf aus Versehen in ein Wurmloch spaziert und wider Willen zurück in die Steinzeit gereist. Vielleicht freuen Sie sich ja auch, Sie weißer cis-Mann, immerhin ist das ja die gute alte Zeit, in der vieles noch einfacher war. Frauen waren am Sammeln, Männer am Jagen, ist ja wirklich so, dass wir Quellen haben, die diese Rollenaufteilung belegen, immerhin sind Höhlenmalereien einfach weltweit bekannt dafür, äußerst detailreich zu sein. Und es ist außerdem nicht so, dass, als diese Funde aus der Steinzeit gemacht wurden, das viktorianische Zeitalter einfach seine eigene patriarchale Struktur auf die Vergangenheit übertragen hätte, haha, nein, wo kämen wir denn da hin, Männer STARK! Frauen SCHWACH! So klappt's doch mit dem einfachen Weltbild.

Da Sie sich jetzt aber in der Steinzeit befinden, müssen Sie sich auch kulinarisch anpassen, das ist nur konsequent. Suchen Sie also zunächst ein Dinosaurier-Ei auf (ja, Dinosaurier und

Menschen haben nicht gleichzeitig existiert, aber das ist mir hier ein bisschen egal). Sobald Sie sich an das Nest eines sehr coolen Tyrannosaurus Rex herangeschlichen haben, stibitzen Sie frech seinen ungeschlüpften Nachwuchs weg. Sollte der T-Rex-Herr oder die T-Rex-Dame Sie dabei erwischen, fordern Sie ihn oder sie einfach zu einer Partie Schere-Stein-Papier heraus. Der Dino wird sich seiner kümmerlichen Arme bewusst werden und vor Scham anfangen zu heulen, was Ihnen genug Zeit verschaffen sollte, das Riesenei wegzurollen.

Da Sie jetzt das Ei haben, warten Sie bei der Clan-Höhle einfach auf alle SCHWACHEN Frauen, bis diese Ketchup und Senf vom Ketchup- und Senfbaum mitsamt etwas Dill gesammelt haben. Matschen Sie das alles zusammen und lassen Sie sich als STARKER Mann feiern. Als endgültige Belohnung dürfen Sie sich auf der Höhlenwand verewigen. Aber bitte vergessen Sie nicht, Ihr Genital extra groß zu malen.

Fisch-Hot Dog

Fisch-Hot Dog

Zutaten

4	Fischstäbchen
4 Scheibe/n	Toastbrot, (Butter-Toast)
n. B.	Mayonnaise

Dieses Rezept stellt auf jeden Fall einen Negativrekord in Sachen Warenwert auf. Packung Fischstäbchen (15 Stück) bekommt man so ab 1,60 €, Packung Toast um die 60 Cent. Das sind dann ja aber noch ganze Packungen. Man braucht für einen Fisch-Hot Dog ja nur jeweils ein Stück davon. Damit dürfte der Einkaufspreis dieser simpel-aber-genialen Speise bei ca. 13 Cent liegen. Allerdings nur, wenn man die Mayonnaise entbehren kann, also bereit ist, sich die ultimative Trockenheit in den Mund zu holen. Unabhängig davon, dass der Bindestrichgebrauch so inkonsequent wie US-amerikanische

Waffengesetze ist, ist dieses Gericht wirklich einfach the worst of both worlds. Das Schlimmste, was Brot zu bieten hat, kombiniert mit dem Beschissensten, was Fisch hergibt. GroKo für den Teller. Einfach. Toll. Guten Hunger!

Zubereitung

Sie nehmen ein nach Packungsanweisung zubereitetes Fischstäbchen und legen es, wenn Sie wollen mit etwas Mayonnaise, in ein leicht getoastetes Toastbrot, welches Sie dann zusammenklappen. Fertig. Jetzt fehlen hier leider noch circa 200 Wörter. Sieht ja nicht aus, wenn hier plötzlich, mitten im Buch, nur eine halbe Seite voll ist. Sieht nicht aus, und gibt vermutlich Ärger mit der Lektorin. In so einer Situation ist es immer gut, irgendwelche Fakten aus dem Reich der Natur parat zu haben. Wussten Sie zum Beispiel, dass Uhus meist monogam in einer Art Dauerehe leben? Warum sie das tun, weiß man nicht, aber das ist den Uhus, wie so vieles, natürlich wieder scheißegal. Sie machen es einfach, und die Vermutung liegt nahe, dass sie es gerade deswegen tun, weil man sich darüber aufregt und wundert. Sie geben, auf gut Deutsch gesagt, keinen Fick, was wir von ihnen halten. Vermutlich sind sie sauer, weil ihr wissenschaftlicher Name Bubo bubo ist. Bubo bubo! Ist doch verrückt, oder? Sie können »bubo bubo« bei Google in die Suchmaske tippen und anstatt dass sich, wegen dringendem Verdacht auf einen Schlaganfall, automatisch ein Notarzt auf den Weg zu Ihnen macht, können Sie sich an mehreren tausend Bildern der größten Eulenart erfreuen. Bubo bubo. Dass ich nicht lache!

Bier-Sahne-Suppe

Bier-Sahne-Suppe

Zutaten

125 ml	Sahne
2	Eigelb
80 g	Zucker
1000 ml	Bier

Wenn Menschen sich dazu entscheiden, sich nur noch von Gemüse und Wasser zu ernähren, gelten sie als willensstark. Ernähre ich mich einen Monat nur von Bier und Tiefkühlpizza, habe ich »ein Problem«. Auch die Beschränkung auf reines Bier führt nicht zu Anerkennung, sondern nur zu Albernheiten wie »Du hast ein Alkoholproblem«, »Du vernachlässigst alles«, »Du bist nicht mehr der Mensch, in den ich mich verliebt habe« und anderen leeren Phrasen. Da kommt dieses Rezept gerade recht. Ohne viel Aufwand sich selbst treu bleiben, immer den eigenen Weg gehen und die anderen zufriedenstellen. »Was hast du heute gegessen?« – »1 Liter Suppe«. Tadaaa. Schon ist man ein funktionierendes Mitglied der Gesellschaft. Andere Sache: Wie toll ist dieses Foto? Man weiß nicht, ist das die Suppe, oder sind die gelben Flecken einfach nur Schmutz? Vielleicht ist der Teller auch einfach nur leer, was bedeutet, dass der/die Fotograf*in es wohl nicht abwarten konnte, diese flüssige Formvollendung auszulöffeln. Guten Hunger. Oder Durst?

Zubereitung

Na, da zieh doch einer meine Hosenträger lang, reib den Bart mit Palmöl ein und gurgel Chiasamen! Da muss aber jemand ein echter Gerstensaft-Connaisseur sein! Suchen Sie hier etwa auch das trendy Rezept für ein Mango-Cold-Brew-Turkey-Fleischwurst-Büffelgras-Tofu-Craft Beer? Nein? Ach, Sie sind bloß eine alte weiße Kartoffel, vermutlich aus einem größenwahnsinnigen und polizeiverherrlichenden »Freistaat«, dem der Alkoholismus mal wieder auf der Nase juckt, dem Bier egal ist, Hauptsache, es »fickt gut«? Dann sind Sie hier genau richtig. Um in Stimmung zu kommen, gehen Sie erst einmal zum Kühlschrank, nehmen Sie das letzte Bier heraus, öffnen Sie es und kippen Sie es sich direkt in die Schundluke. Sagen Sie jetzt laut: »Puh, ist das lecker.« Sagen Sie jetzt: »Ach Scheiße, das war ja das letzte Bier«. Tja, jetzt müssen Sie noch mal einkaufen gehen, hätten Sie mal zuerst weitergelesen, Sie Idiot, und sich nicht erst sinnlos zugelötet. Nehmen Sie also Ihre Beine in die Hand, lassen Sie sie dann wieder los. Sie können doch gar nicht laufen, wenn Sie Ihre Füße mit den Händen festhalten, was ist los mit Ihnen? Beginnen Sie nun zu kichern, hui, das Bier macht sich aber schnell bemerkbar. Gehen Sie also in den nächsten Einkaufsladen und erwerben Sie, gegen das Hergeben von symbolisch aufgeladenem Papier, einen Becher Sahne, zwei Eier, ein wenig Zucker und einen Kasten Bier. Bemerken Sie den bewundernden Blick des Kassierers, der sicherlich denkt, dass ein Mann, der diese Waren kauft, sein Leben komplett im Griff hat. Öffnen Sie an dieser Stelle schon mal vorsichtig das erste Bier aus dem Kasten, nur um zu gucken, ob es schmeckt. Tragen Sie jetzt den Einkauf wieder in Ihre Wohnung, stoppen Sie aber ab und zu, und belohnen Sie Ihre Schrittchen mit Schlückchen. In Ihrer Wohnung angekommen dürften von dem Kasten noch gut drei bis fünf Bier übrig sein, der Rest sollte in Ihrem Kopf Samba tanzen. Apropos, legen Sie jetzt einen kleinen Macarena aufs gut geölte Parkett, in der einen Hand ein offenes Bier, in der anderen Sahne. Tanzen Sie so heftig und hitzig, bis die Sahne im Becher steif und Ihr Bier in der Küche verteilt ist. Holen Sie sich ein weiteres Bier. Mischen Sie jetzt Eigelb und Zucker, achten Sie aber darauf, dass Sie gut hydriert bleiben. Den letzten Liter Bier, den Sie noch haben, erhitzen Sie jetzt, wahlweise im Topf oder durch unglaublich scharfes Hüftschwingen. Lassen Sie das Bier leicht abkühlen, wobei Sie die Temperatur am besten mit der Zunge testen. Rühren Sie dann alles zusammen, und fertig ist die Bier-Sahne-Suppe. Hören Sie jetzt, wie Ihr*e Partner*in in Ihre gemeinsame Wohnung zurückkommt. Bedenken Sie, dass Sie ihr/ihm nicht komplett folgen können, da Sie schon ziemlich alle Lampen anhaben, aber vermuten Sie Aussprüche wie »Wieso ist Macarena voll aufgedreht?!«, »Schau dir die Sauerei hier an!«, »Es kann so nicht mehr weitergehen!« und »Es ist aus!« zu hören. Warten Sie kurz, bis Ihre bessere Hälfte alle Ihre Klamotten in einen Koffer geschmissen, Sie vor die Wohnungstür geschoben und Ihnen ein tolles restliches Leben gewünscht hat. Beginnen Sie nun die Biersuppe direkt aus dem Topf zu löffeln, den Sie die ganze Zeit fest umklammert hatten, weil Sie sonst umgefallen wären. Wie Sie Ihr Leben und diesen Topf im Griff haben, einfach toll!

Hauptgänge

Hello Kitty Gyros

Foto von hauspikachu

Hello Kitty Gyros

Hierfür wird eine Hello Kitty Backform benötigt.

Zutaten

500 g	Gyrosfleisch
28 g	Seelachsfilet(s)
1 g	Kaviar
270 g	Tzatziki

Hierfür wird eine Hello-Kitty-Backform benötigt. Benutzen Sie unter keinen Umständen eine herkömmliche Backform, um ein bizarr entstelltes Gesicht aus Kaviar und Zaziki zu zaubern. Ja, ich weiß, ich finde es auch nicht schön, aber die Alliteration geht runter wie Öl, und außerdem sagt der Duden nun mal »Zaziki«, und in Zeiten, in denen Menschen 500 g Gyros zusammen mit Seelachsfilet in eine Hello-Kitty-Form füllen, ist es doch schön, wenn sich wenigstens einer noch an gesellschaftliche Konventionen hält. Das Gericht eignet sich höchstens dazu, in Nikel-Pallat-Manier mit einer Axt darauf einzuschlagen, während man sich selber einredet, man würde damit die Konsumgesellschaft bekämpfen. »Das Zaziki brauch ich für Leute, die in Jugendstrafanstalten sitzen.« Guten Hunger!

Zubereitung

Wie schon erwähnt, benötigen Sie für dieses Rezept eine Hello-Kitty-Backform. Das sollte, da Sie an diesem Rezept Interesse zeigen, kein Problem sein. Es ist davon auszugehen, dass Sie Dinge kaufen, weil Hello Kitty darauf zu sehen ist, und nicht etwa, weil Sie die entsprechenden Dinge benötigen. Gehen Sie also heute einfach mal aufs Ganze mit Ihrer fragwürdigen Liebe, die Sie der kleinen Cartoonkatze aus Japan entgegenbringen. Ziehen Sie Ihre Hello-Kitty-Unterwäsche, Ihre Hello-Kitty-Hose, Ihr Hello-Kitty-Oberteil und Ihre Hello-Kitty-Mütze an. Stellen Sie sich in Ihre Hello-Kitty-Küche und nehmen Sie die Hello-Kitty-Backform aus dem Hello-Kitty-Schrank. Atmen Sie tief ein, riechen Sie den globalen Kapitalismus und werden Sie eins mit ihm. Heizen Sie Ihren Hello-Kitty-Backofen vor, 200 Hello-Kitty-Grad, Oberhello- und Unterkittyhitze. Für das benötigte Gramm Kaviar eignet sich am besten, na, Sie wissen schon, Hello-Kitty-Kaviar. Davon jeweils etwas in die Augen und Nase. Nein, nicht Ihre, die von der Backform. 28 Gramm Hello-Kitty-Seelachsfilets kommen nun in die Schleife. Wenn Sie aus Versehen die doppelte Menge Seelachsfilets gekauft haben, können Sie sich aus den restlichen 28 Gramm einfach eine eigene süße Schleife basteln und das Gericht im Hello-Kitty-Partnerlook präsentieren. Kawaii! Jetzt das Zaziki auf dem Gesicht verteilen. Auch hier bitte das Gesicht von Hello Kitty und nicht Ihr eigenes. Obwohl, machen Sie doch, was Sie wollen, ist bestimmt gut für die Haut. Über das Zaziki dann noch vorsichtig das Gyros schaufeln. Ab in den Hello-Kitty-Ofen damit. Nutzen Sie die 30 Minuten Hello-Kitty-Backzeit, um im Internet neue Hello-Kitty-Artikel zu bestellen, oder suchen Sie sich einen neuen Kaufwahn, mit dem Sie die innere Leere zu füllen versuchen, die die Konsumgesellschaft in Sie gerissen hat und die Sie ironischerweise mit überhöhtem Konsumverhalten bekämpfen. Nehmen Sie zum Schluss Ihr größtes Hello-Kitty-Brett, legen Sie es auf die Backform und stürzen Sie dieses horrend entstellte Gesicht einer fiktiven Figur. Profis erledigen diesen Programmpunkt über der Hello-Kitty-Mülltonne, dann braucht man nur noch das Brett wegzuziehen, und die kleine Katze landet direkt da, wo sie hingehört.

Hackfleisch vom Blech mit Ananas und Frühstücksspeck

Foto von kristalla

Hackfleisch vom Blech mit Ananas und Frühstücksspeck

Zutaten

2 kg	Hackfleisch, gemischt
1	Brötchen, altbacken oder Semmelbrösel
2	Zwiebel(n), gewürfelt
1 Pkt.	Kräuter (TK)
1 kl. Dose/n	Ananas, in Scheiben
150 ml	Gemüsebrühe
2 Pck.	Speck (Frühstücksspeck)
10 TL	Marmelade, z. B. Erdbeer
	Salz und Pfeffer
2 EL	Saucenbinder
	Paprikapulver
	Thymian

Hat irgendwer Hackfleisch gesagt? Nein? Niemand? Egal, hier sind 2 Kilogramm, zauberhaft garniert. So ein schmackhaftes Gericht würde sicher niemand von der Mettkante stoßen. Wer gerne etwas Fleisch zu seinem Fleisch mag, nehme von der linken Seite, wer es etwas fruchtiger, aber nicht minder widerlich, mag, wird auf der rechten Seite fündig. Genießen Sie zu dieser Low-Carb-Pizza Hawaii ein Glas trockenen Fürst von Mett-ernich, Mettaxa oder direkt einen gut gekühlten Hackfleischsmoothie. Die Ananas können Sie bei Bedarf auch durch Hackfleisch oder natürlich durch die Mutter aller Zutaten, der Fleischwurst, ersetzen. Essen Sie das Ganze am besten total entspannt auf dem stillen Örtchen, damit das unkontrollierbare Trommelfeuer aus der Hinterkanone gleich dort landet, wo es hingehört, wenn es urplötzlich und gnadenlos herniederfährt. Passt übrigens gut zu Hackfleisch. Guten Hunger!

Zubereitung

Howdy, Partner, was führt dich in dieses gottlose Städtchen am Rande der Zivilisation? Ach, Greenhorn, ich seh's doch schon an dem Spitzhack in deinem Gepäck, der Dosenananas, den Kräutern, der Marmelade, den zwei bereits angeschwitzten Packungen Speck, dem mittlerweile bleiharten Brötchen und dem Soßenbinder in deinem Colthalter. Du bist einer von denen im Rausch. Im Goldrausch. Mett, das rote Gold, hat schon viele Leute hier in den Wahnsinn geführt. Sicher, dass du hart genug dafür bist? *Auf-den-Boden-spuck-Geräusch* Na dann. Du musst es wissen. Ich bin nur ein alter Mettusalem, der sich Ruhe und Frieden und noch ein letztes Weihnachten mit viel LaMetta wünscht. Ja, Partner, richtig gehört, ein letztes. Es sind Mettastasen. Es ist schlimm. Aber egal. Wo du mehr vom roten Gold finden kannst? Geh immer der Sonne nach, wenn sie untergeht und so rot wird, wie das Mett oder das Blut unserer Feinde, nachdem wir ihnen Blei in die Brust gepumpt haben. Wie viel suchst du denn, Fremder? Was? Sicher? 2 Kilo?! Das klingt nicht gesund, Greenhorn! Aber gut, wenn du in die ewigen Jagdgründe eingehen willst, werde ich dich nicht aufhalten. Lass dir aber gesagt sein, pass auf die Ureinwohner auf. Wir nennen sie Rotköpfe, da sie ihr Gesicht vor jedem Kampf mit dem roten Gold einreiben. Gib auch auf die Dos-perados Acht, die werden versuchen, dir die Ananas abzunehmen. Und die werden dich langsam verrecken lassen. Nein, sie wollen die Ananas nicht für sich, sondern sie hassen einfach jeden, der versucht, Ananas mit Hack und Speck zu kombinieren. Und das auch zu Recht. Das versuchst du doch nicht etwa? Solche Leute mögen wir hier nicht in Hackmettgulch. Haha, sogar der good ol' Priest hat hier einen aufgehängt, weil der ein Brötchen in Wasser hat weichwerden lassen und das dann mit ner perversen Masse Hack und ner Zwiebel angebraten hat. Dann hat dieses kranke Schwein aus der Pampe nen Teig gemacht. Einen Teig aus Hack! Stell dir das mal vor. Das ist gegen die Natur. Da hilft auch die Kavallerie nicht mehr. Tja, und dann hat der die eine Hälfte mit Ananas belegt und die andere mit ollem Speck. Und in die Ananaslöcher noch ein Klecks Marmelade. Das wollte der dann eine Stunde bei 170 Grad braten, aber der Sheriff, der hat ihn aufgehalten. PENG! Haha, nicht erschrecken, Kleiner. Ich hab keine Fleischwurstpistole wie der Sheriff, der besoffene Idiot. Moment mal … Ananas, Marmelade, Speck … Bist du – willst du etwa – Hey, komm zurück! Ich puste dir den Arsch voll Blei! Haltet ihn! Ach verdammt …

entwischt. Aber na ja. Wenn er erst einmal dieses Rezept gekocht und das Essen gegessen hat, wird sein Arsch viel stärker
schmerzen, als wenn ich ihm die alte Feuerbüchse da reinge-
knallt hätte …

Fußballpizza

Fußballpizza

ideal zum Fußballabend

Zutaten

400 g	Weizenmehl
25 g	Hefe (Bierhefe), frische
50 g	Olivenöl extra vergine
750 g	Rahmspinat (TK)
125 g	Mozzarella
11 kleine	Salami (Mini-Salami)
11 kleine	Würstchen (Mini-Frankfurter)
	Salz und Pfeffer

Dieses Rezept von »Dragonlord1975« ist in der Tat ideal. »Fußball, Fußball, Fußball!!«, schreien die heiseren Junggesellen, während sie sich diese matschige Widerlichkeit einverleiben. Mit 750g Rahm!-Spinat wird wirklich jedes Essen zur Suppe. Andererseits, wie viele Rezepte gibt es auf dieser Welt, in denen man Sätze wie »Der Teig sollte sich in etwa wie ein Ohrläppchen anfühlen« und »Dann die Würstchen als Spieler in den Spinat stecken« vorkommen? Eben.

Die grundlegende Frage ist hier: Wie wichtig ist Ihnen Fußball? Wichtiger als Geschmack? Wichtiger als Ästhetik? Wichtiger als 5 Sterne bei chefkoch.de? Denn wenn Sie bei auch nur einer dieser Fragen mit Nein geantwortet haben, dann haben Sie die längste Zeit in Dragonlord1975s Mancave abgehangen. Guten Hunger!

Zubereitung

Stellen Sie sich mit dem Rücken an Ihren Backofen und zählen Sie, nach vorne gehend, 11 Schritte ab. Dort, am 11-Meter-Punkt, stellen Sie Ihre Schüssel mit dem Mehl ab. Vergewissern Sie sich, dass Ihre Schienbeinschoner auch gut sitzen, und bröseln Sie dann die Hefe, das Olivenöl, etwas Salz und lauwarmes Wasser dazu. Nun gut durchkneten, zu einem Ball formen und 2,5 Stunden ruhen lassen. Genug Zeit also, um sich 300-mal das WM-Finaltor 2014 von Mario Götze anzuschauen. Studieren Sie den Ablauf genau, dieses Wissen wird Ihnen später noch helfen. Lassen Sie den Spinat auftauen und schneiden Sie den Mozzarella in kleine Streifen. Nun wird es komplizierter. Schauen Sie sich noch mal um und fordern Sie etwaiges Publikum zum Jubel auf. Schließen Sie die Augen, tauchen Sie ein in die Stadionatmosphäre. Werfen Sie nun den Teigball hoch in die Luft, nehmen Sie ihn mit der Brust an und schießen Sie ihn dann, wie uns Götze damals, mit dem linken Fuß auf das im Ofen platzierte Backblech. Drehen Sie euphorisch zum Jubel ab, laufen Sie wie wild durch die Wohnung und lassen Sie sich feiern. Sie sind Weltmeister! Jetzt noch schnell den Spinat, den Mozzarella und die 22 Würstchen auf den Teig geschmissen, und schon 200 Grad und 40 Minuten später können Sie Fußball endlich auch essen. Sie haben es sich verdient!

Apfelwurst

Apfelwurst

Zutaten

600 g	Fleischwurst, dicke
	Margarine, für die Form
1 ¹/₂ EL	Senf
1 ¹/₂ EL	Tomatenketchup
	Curry
2	Äpfel, in Scheiben oder Stücken
2 EL	Butter, zerlassene
	Zwiebelpulver oder geriebene Zwiebel

Was wir hier vor uns haben, ist Ausdruck eines individuellen Schöpfermindsets und des besten deutschen Unternehmergeistes, oh boy, kann ich Christian Lindners Erektion schon riechen! Wofür die geriebenen Zwiebeln gebraucht werden, weiß übrigens nicht mal das Rezept selbst. Doch hinter dieser genialen Zutatensymbiose aus der Kategorie »Braten« steckt mehr: Denn ein Kreis kennt keinen Anfang, kein Ende. Er existiert nur in seiner apfeligen Fleischigkeit. Dieses Gebilde also ist ein Symbol für die Unendlichkeit selbst und die Macht des menschlichen Geistes! Doch wo Neuerung ist, da lauert auch Gefahr. Wie Albert Einstein schon sagte: Wo der Apfelwurstring anfängt, da hört die Menschheit auf. Guten Hunger!

Zubereitung

Willkommen, Suchender! Freund oder Freundin des Wissens, ich, der Hüter der absoluten Mystik, Doktor aller Wissenschaften, Krümmer von Zeit und Raum, Erkenner des Unerkannten, Entzifferer von Parkinsonhandschriften, der Begreifer absoluter Erkenntnis, Versteher von Mathe, erwartet dich. Aber du darfst mich Björn nennen.

Du willst es also wagen, das ewige Wissen der Alten anzuzapfen und den mystischen Ring der apfeligen Wurstigkeit zu zaubern? Hahaha! Nun denn, mache dich auf drei Fragen gefasst, die dein Innerstes erschüttern werden!

ERSTENS: DIE FRAGE DER ZERMÜRBENDEN ZERMÜRBUNG!

Was ist deine Lieblingsfarbe? Falsch! Sie ist grün. Macht nix, ist lieb gemeint.

ZWEITENS: DIE FRAGE DES TÖDLICH TOTEN TODES … DES … DES TODES!

Wo hast du dieses Oberteil her, das sieht einfach so megagut aus! Was? Ach nein! Echt? Hätte ich nie gedacht! Das ist H und M??? Ist das süß!

DRITTENS: DIE FRAGE DES SÜSSEN KATZENBABYS DER VERDAMMNIS!

Wenn ein Zug und ein Fahrradfahrer aus entgegengesetten Richtungen aufeinander zufahren, wobei der Zug konstant 150 km/h draufhat, das Fahrrad mit einem selbst gebastelten Turboantrieb aus einem Mentos und einer Flasche Cola ausgestattet wurde und damit auf bis zu 100 km/h kommt, dann! DANN! Wie egal ist mir dann die Antwort?

Sehr richtig, so absolut ordentlich scheißegal ist mir das, niemand braucht Mathe.

Du hast dich als würdig erwiesen. Nun nimm denn dieses Wissen an für den Apfelwurstring. Doch bedenke: Mit großer Macht kommt große Verantwortung! Das wusste schon Einstein. Und Spiderman.

Wenn du nun also in die Welt hinaustrittst und das Licht gesehen hast, so hüte dich! Die anderen Menschen, die die Apfel-Fleischwurst-Senf-Ketchup-Wahrheit nie schmeckten – sie werden sie auch gar nicht schmecken wollen. Sie sind in einer Höhle angekettet, und jedes Licht schmerzt sie. Sei also sanft zu ihnen und verzeihe die Unwissenheit. Erzähle ihnen dennoch von der Wahrheit.

Und so rate ich dir: Gründe ein Start-up. Dann kannst du offiziell Apfelfleischwurstwahrheit verkaufen, und trotzdem wird dich keiner ernst nehmen. Und ich rate dir auch: Gedenke Einstein, der, nachdem ihm bewusst wurde, was er mit seiner Unterstützung für die Atombombe angerichtet hatte, die weisen Worte sprach: »Upsi. Lol.«

Anjas würzige Folienkartoffeln

Anjas würzige Folienkartoffeln

Zutaten

4 große	Kartoffel(n)
n. B.	Maggi
n. B.	Fondor

Es war Liebe auf den ersten Blick. Dicke Rauchschwaden stiegen aus Andis Küchenfenster in den Dämmerhimmel hinauf. Seine Tomatenplatte hatte sich spontan selbst entzündet, die 5-Liter-Flasche Maggi war aufgebraucht, es gab nichts zum Löschen! Panisch lief er in den Hausflur und schrie immer wieder: »Die Leuchtfeuer brennen, Fondor ruft um Hilfe!« Doch niemand reagierte. Sein Leben auf der Überholspur drohte in eine Verkehrskontrolle zu geraten. Gerade wollte er aufgeben, da öffnete sich eine Tür, und Anja stand vor ihm. Ganz in Alufolie gekleidet, in einer Hand eine Kartoffel, in der anderen einen 20-Liter-Schlauch, der mit einer bräunlichen

Flüssigkeit gefüllt war. »Und Maggi wird antworten!«, sagte sie. Das Feuer in der Küche war schnell gelöscht, doch das Feuer in den Herzen sollte noch lange lodern. Auf Anjas mit Alufolie ausgekleidetem Bett erlebten sie die würzigste Turbo-Liebesnacht ihres Lebens. Guten Hunger!

Zubereitung

Wann wird's mal wieder richtig würzig? So würzig, wie es früher einmal war? Die traurige Antwort: nie. So würzig, wie es früher einmal war, wird es nicht mehr. Dafür war es früher einfach zu würzig. Viel zu würzig, könnte man meinen. Manchen war es früher zu würzig, ja ja. Nicht so wie heute. Weniger würzig. Manch einem zu wenig Würze, heute. So ist das. Man kann es nicht allen recht machen. Würzig oder nicht, oder nur ein bisschen. Viele Optionen. Viel Auswahl. Nur Maggi, Maggi und Fondor, nur Fondor. Schwierig. Nur Kartoffeln? Nicht würzig genug. Maggi und Fondor? Zu würzig? Würzig, wie früher. Kartoffeln von Anja. Würzige Folienkartoffeln von Anja. Ein bisschen würzig, ein bisschen wie früher. Ein kleines bisschen die Kartoffeln einschneiden und in Maggi und Fondor tränken. Ein kleines bisschen eingewickelt in Alufolie. Ein kleines bisschen in den Ofen hinein für 1 bis 1,5 Stunden. Wie früher, bei 240 °C. Wie würzig, wie schön. Jeden Tag eine Glutamat. Wie früher, wie schön, wie würzig. Würzige Folienkartoffeln von Anja. Gibt's auch hier im Kino.

Spaghetti und Tomaten-Curry-Wurstgulasch

Foto von Potzblitz410

Spaghetti und Tomaten-Curry-Wurstgulasch

Zutaten

150 g	Rosenkohl
1	Zwiebel(n)
1	Zucchini
300 ml	Wasser
3 Zehe/n	Knoblauch
500 g	Fleischwurst
250 ml	Ketchup
2 EL	Tomatenmark
3 EL	Rapsöl
500 g	Spaghetti
	Salzwasser
	Curry

Meine Besti Kimberly machte nach dem Abitur ein Auslandsjahr in Indien. Als sie zurückkam, hatte sie nicht nur sich
selbst, sondern auch dieses traditionelle indische Gericht gefunden, das sie in den Slums kennen und kochen gelernt hatte.
Die Menschen dort brauchen so herrlich wenig, um glücklich
zu sein. Einfach ein bisschen Rosenkohl, Ketchup, Fleischwurst und die indischen Spaghetti, die zufällig wie Farfalle
aussehen, zusammenwerfen, und schon kann man sich den
Orient auf der Zunge zergehen lassen. Dieses Gericht ist einfach en vogue (indisch für »göttlich«). Taj Mahal, wie die Ein-
geborenen sagen. Oder auf Deutsch: Guten Hunger!

Zubereitung

Hiii Lenaaa <3,
   hier ist Kimmy, Key to the Ih to the M'n'M why! Ich weiß,
voll old school, dass ich dir einen Brief schreibe, wer macht
das denn noch? LOL! Fast wie damals, als es keinen Strom gab,
wann war das noch mal? 1970 oder so? Egal, ich schreib dir
hier von meinem Auslandsjahr, Indien ist sooo schön! Und ich
lerne so viele Dinge! Wusstest du, dass man die Leute in Indien nicht Indianer nennt?! Man nennt sie amerikanische Ureinwohner, das ist höflicher. Obwohl ich nicht ganz verstehe,
warum dann Amerika so heißt, aber nicht so wichtig.
   OMG! Ich weiß gar nicht, was ich dir als Erstes erzählen soll!
Also das Wetter ist tooooll … und das Essen schmeckt so guuut.
Du weißt ja, dass ich hier viel mit Kindern arbeite, und ich
hab deren Rezept für ihr Lieblingsessen bekommen und wollte
das mit dir sharen. Viele der Zutaten sagten mir aber nichts,
deswegen habe ich das einfach mit Sachen ersetzt, die ich aus
Deutschland kenne.

Du brauchst 150g Rosenkohl, 1 Zwiebel und 1 Zucchini. Wenn du richtig indisch sein willst, dann kaufst du dir eine Flasche Nestlé-Wasser, um damit das Gemüse zu putzen, das ist so lustig, dass die sich Wasser kaufen! Ich glaube, die in Indien wissen nicht, dass perfektes Trinkwasser doch immer aus dem Hahn kommt, haha! Nach dem Putzen in Scheiben schneiden und 500g Fleischwurst würfeln. Dann Pfanne mit 3 EL Rapsöl erhitzen, 3 Knoblauchzehen pressen und das Gemüse dazugeben und das dann mit 100 ml indischem Nestlé-Wasser 10 Minuten dünsten. Jetzt musst du die sehr indischen Fleischwurstwürfel untermengen und langsam braten. Dann super fruchtig-curryhaftes 250ml Tomatenketchup und ca. 200 ml Nestlé-Wasser dazu und nochmals aufkochen. Zum Schluss noch etwas Zucker, Indien ist schließlich bekannt für Süßes! Dann brauchst du nur noch 500g Spaghetti, hat auch schon Ghandi immer gegessen! Aber koch nicht zu viel davon, hier müssen die Leute nach dem Essen hungrig bleiben, ich glaube, das ist Tradition, und es ist so schön, dass die Kinder freiwillig so in Armut leben, Herzi.

Ach, es fühlt sich so gut an, mit meiner Arbeit etwas Richtiges und Wichtiges zu tun. Das Leben der Menschen hier zu verbessern. Ich zeige ganz vielen Kindern, wie man Schuhe mit so drei Streifen auf der Seite näht. Manchmal ist auch eine Katze im Sprung drauf oder so ein Häkchen, wie wenn es bei Whatsapp »gesehen« anzeigt. Ich kriege so viel Geld dafür, das kannst du dir gar nicht vorstellen! Und die Kinder arbeiten wirklich toll, nur manche sind ein wenig faul. Aber insgesamt ist die Arbeitsmoral super. Ich glaube, als Belohnung kriegen die Kinder bald wieder eine halbe Portion ihres Lieblingsessens. Kussiiiii,

K-I-M-M-Y <3

Pommes de luxe

Pommes de luxe

Zutaten

400 g	Pommes Frites
1	Ei(er)
75 g	Käse, gerieben
3 EL	Essig
	Curry - Ketchup
	Mayonnaise
	Salz (Pommesgewürzsalz)

Heidewitzka, Herr Kapitän! Hier läuft wirklich einiges schief. De luxe! Man stelle sich vor, der/die créateur/créatrice de produit hätte ein Luxushotel. Alles im Zimmer mit fromage überbacken und einem œuf miroir obendrauf. Das Rezept ist übrigens, nur mal so neben die Tüte gekotzt, für eine Portion gedacht: 400g Pommes, aber nur ein Ei. Das sind, bei einem mittelgroßen Ei, 0,1625g Ei pro 1 Gramm Pommes. Das heißt

Hände weg, falls ihr Homöopathen seid! Ein so stark verdünntes Ei lässt schnell den Cholesterinspiegel nach oben schnellen. Cholesterinspiegelei. Was noch? Essig auf Pommes bitte nur nördlich des Ärmelkanals. Curry-Ketchup schön und gut, aber bitte nicht mit Mayo mischen. Aber ihr macht ja eh alle, was ihr wollt. Dann schiebt euch den Scheiß doch rein, kocht ihn doch, den »Luxusapfel«. Uns doch egal. Guten Hunger!

Zubereitung

Luxus, was ist schon Luxus? Ein teures Auto, ein modischer Pelz. Für die einen nicht wegzudenken, für die anderen überflüssige Selbstdarstellung. Der Trend geht weg vom materiellen Luxus, hin zum immateriellen. Ein logischer Wandel, hat doch nicht jeder das nötige Kleingeld, um beim Golfspielen Champagner zu exen oder sich mit einer barocken Pferdekutsche durch die Vorstadt fahren zu lassen. Das neue große Ding ist die Selbstbelohnung: Für andere unsichtbare, kleine Gesten, quasi Geschenke an sich selbst. Und so verschieden die Menschen, so verschieden die Vorstellungen von persönlichem Vergnügen. Der eine nimmt sich beispielsweise morgens eine ganze Stunde zur ausführlichen Selbstbefriedigung, zündet vielleicht sogar eine sinnliche Duftkerze dafür an, der andere bereitet sich auf seine 60-Stunden-Woche vor, indem er sich in Embryostellung in die Dusche legt und bitterlich weint. Doch die wenigsten wollen ganz ohne materiellen Luxus auskommen, und da sind Sie hier an der richtigen Adresse. Luxus für den schmalen Taler! Herkömmliche Pommes frites, mit Essig beträufelt, mit ein wenig Käse überbacken. Und obenauf thront, wie Sie an Ihrem Esstisch, ein Spiegelei. DAS ist

Lebensgefühl, denn Sie werden fühlen, dass Sie noch leben, wenn Sie mit 400g Pommes im Bauch, halb komatös, halb kotzend, auf dem Küchenboden liegen. Versprochen!

Kalter Braten mediterran

Kalter Braten mediterran

Roast beef all'inglese

Zutaten

150 g	Roastbeef oder anderer kalter Rinderbraten, dünn aufgeschnitten
	Parmesan
	Zitronensaft

Dieses Rezept wirkt so, als habe ein Langzeitstudent namens Bernd irgendwann seinen Eltern versprochen, für sie einen mediterranen Braten all'ingles zu zaubern, um ihnen von seinen Auslandssemestern in Italien und England zu berichten. Nur scheint besagter Bernd besagte Auslandssemester niemals angetreten zu haben. Stattdessen – meine persönliche Vermutung – saß er ein ganzes Jahr in seiner Wohnung, fraß jeden Tag Fisch und Pommes und murmelte immer wieder »It's a me, Mario!«, was ihm wohl englisch-italienisch genug war.

Dieses Rezept ist in meiner Fantasie Bernds panischer und verkaterter Versuch, seine Eltern zu täuschen. Was für eine Lüge, Bernd. Und hier gleich noch eine: Guten Hunger!

Zubereitung

Ein Rezept aus der Kategorie »kalt«. Allerdings eher als emotionaler Zustand zu interpretieren. Es ist die Art von Kälte, die wir spüren, wenn uns unsere Eltern das erste Mal enttäuschen, weil wir merken, dass sie auch nur Menschen sind. Es ist die Kälte, die wir spüren, wenn die erste Liebe zerbricht. Es ist die Kälte, die sich in uns breitmachte, als wir erfuhren, dass Jan Ullrich gedopt und uns alle verraten hat. Es ist ein Gefühl des absoluten Alleingelassenseins. Ein »als Kind verloren gehen im Spielzeugladen«. Ein »keine Lyoner mehr an der Fleischtheke angeboten bekommen«. Ein großes Kaputtgehen in uns angesichts der Erkenntnis, dass Peter Lustig Kinder eben doch mochte und wir alle nur dem Artikel einer hetzerischen Zeitung (looking at you, *Bild*) auf den Leim gegangen sind. Die Geschichte wiederholt sich. Es ist ein Trauern.

Doch in dieser Einsamkeit ist auch eine gewisse Schönheit verborgen. Es schläft eine Selbsterkenntnis darin, wie Goethe sie einst auf seiner Italienreise verspürte. Und vielleicht ist es diese Mischung aus Ichfindung und grundsätzlichem Misstrauen gegen die Welt, gegen sich selbst, welche dieses Gericht mediterran und gleichzeitig englischer Art sein lässt. Alles in diesem Leben ist ein Paradoxon, alles ist nichts. Es ist der Braten – der aber kalt ist. Es ist der Zitronensaft – der süßlich mundet. Und so konfrontiert dieses Gericht uns mit der eigenen Sterblichkeit und ähnlich großen paradoxen Fragen wie: Was ist eine Doppelhaushälfte? Was ist ein flüssiger Klostein?

Kälteverbrennungen, kann es die überhaupt geben? Fettarmer Käse, alkoholfreies Bier, christlich-soziale Union, alles ein Widerspruch, ein Seil, bis zum Zerreißen gespannt. Wie können wir das alles ertragen?

Haben Sie nicht auch immer wieder solche Gedanken in Ihrem tiefsten Wesen gefühlt? Ja? Dann schließen Sie endlich Ihr verdammtes Philosophiestudium ab, mein Gott, Sie sind im 13. Bachelorsemester und kiffen den ganzen Tag. Kriegen Sie Ihr Leben auf die Reihe, damit Sie sich endlich schön selbst ausbeuten können für den völlig willkürlichen Markt, der nach Ihren Kompetenzen verlangt! (»Uhhhh, da kann jemand über das Denken nachdenken, hui!«) Und falls Ihnen das alles zu viel sein sollte, dann entspannen Sie sich. Aber schön effizient! Vielleicht mit ebenjenem einfachen, aber leckeren Rezept? Sie benötigen dafür nur (Zitat): »150 Gramm Roastbeef oder anderer kalter Rinderbraten, dünn aufgeschnitten, Parmesan und Zitronensaft«. Und wissen Sie was? Die originale Zubereitungsanleitung zitieren wir hier auch noch mal in ihrer vollen, wunderbaren Länge: »Das Fleisch auf Tellern anrichten, mit Zitronensaft beträufeln und Parmesan darüberhobeln.« Tja. Denken Sie da mal 13 Semester drüber nach.

Chilipeitschen auf Spinat

Chilipeitschen auf Spinat

aus dem Backofen

Zutaten

4	Bratwürste, scharfe (Chilipeitschen)
1 kg	Rahmspinat, TK
1 große	Zwiebel(n)

Jemand hat dieses Bild gemacht. Ich möchte, dass ihr euch kurz dessen bewusst werdet. Jemand hat dieses Gericht gekocht, das Resultat gesehen und es sogleich fotografieren wollen. Jemand hat dieses Bild geschossen, es auf der Digitalkamera kurz beäugt, es schließlich auf seinen Computer übertragen, nochmals angeschaut und sich gedacht: »Ja. Dat isses.« Schon beeindruckend, wie kacke (im wahrsten Sinne des Wortes) ein Essen aussehen kann, das so sterbenslangweilig ist. Ein Kilogramm Rahmspinat in Wiesenoptik gibt diesem Hundekotstillleben den letzten Schliff. Der Verdacht liegt nahe, dass Chilipeitschen überhaupt nur so heißen, weil sie aussehen, als wäre das Chili von gestern Abend auf schnellstem Wege durch den Magen gepeitscht worden. Guten Hunger!

Zubereitung

Es wird Ihnen vielleicht nicht gefallen, aber um »Chilipeitschen auf Spinat« korrekt zuzubereiten, benötigen Sie einen Hund. Sollten Sie keinen Hund haben, brauchen Sie gar nicht erst weiterlesen. Wirklich, fahren Sie los und kaufen Sie einen Hund, sofern Sie nicht schon einen besitzen. Zusätzlich zu dem Hund brauchen Sie noch 1 kg Rahmspinat und eine große Zwiebel. Zählen Sie die sogenannten Chilipeitschen auf dem obigen Bild. Acht Stück, sehr gut. So oft müssen Sie mit Ihrem Hund raus. Sobald Ihr Wauwau sein Geschäft verrichtet hat, sammeln Sie die Wurst ein und heben Sie sie gut auf. Wenn Sie acht zusammenhaben, kann es auch schon losgehen. Geben Sie den Spinat in eine tiefe Auflaufform und verteilen Sie die Würste darauf. Heizen Sie Ihren Backofen vor (200 Grad) und schieben Sie die Form in den Ofen. Ah, stopp mal kurz. Das sollen Bratwürste sein? Wieso sehen die original aus wie Hundescheiße? Äh, das ist jetzt natürlich ungünstig. Ich habe schlechte Neuigkeiten für Sie. Sie brauchen den Hund doch nicht. Ist natürlich jetzt blöd, weil Sie den ja extra gerade erst gekauft und acht Tage lang seinen Kot aufgesammelt haben. Das geht auf meine Kappe, und ich entschuldige mich. Ach, noch was, der Spinat ist jetzt auch hinüber. Sie müssen also den Hund wieder loswerden und neuen Spinat kaufen. Die gute Nachricht, die Zwiebel taugt noch. Die Bratwürste auf den neuen Spinat, ab in den Ofen, nach 40 Minuten wieder raus, Zwiebel drüber, fertig. Der ganze Aufwand für so ein langweiliges Gericht? Ja, Entschuldigung, ich weiß.

Big Mac Salat

89/130   Foto von jüsial

Big Mac Salat

Big Mac als Schichtsalat - eigene Kreation, ein extrem leckerer Partysalat

Zutaten

6	Brötchen (Hamburgerbrötchen mit Sesam)
1 kleiner	Eisbergsalat
1 Pck.	Schmelzkäse - Scheiben (Chester)
6	Gewürzgurke(n)
500 g	Hackfleisch, gemischt
500 g	Hackfleisch vom Rind
	Salz und Pfeffer
	Für die Sauce:
1/2 Glas	Salatcreme (Miracel Whip)
1/2 Tube/n	Mayonnaise
6 EL	Dressing (French Dressing mit wenig Dill)
8 EL	Gewürzgurke(n), fein gewürfelt
2 TL	Zucker
6 EL	Zwiebel(n), getrocknete, fein gewürfelt
2 TL	Essig
2 TL	Tomatenketchup
1 TL	Salz
2 EL	Sauce (Gurkenrelish, süß-sauer)

Was ist schon Salat? Eine »mit verschiedenen Marinaden oder Dressings zubereitete kalte Speise aus [zerpflückten] Salatpflanzen, Obst, frischem oder gekochtem Gemüse, Fleisch, Wurst, Fisch o. Ä.«, würde manch einer vielleicht sagen. Nicht so der Ersteller dieses Rezeptes. Der vermutlich Free Jazz hörende Chefkoch-Nutzer operiert nur am absoluten Rande dessen, was ein Salat sein könnte. Ein Freidenker, dem ein Kilo Hack und eine Packung Schmelzkäse zugespielt wurden. Was dabei rauskommt: Ø4,63 Sterne! Damit beweist dieses Rezept eindrucksvoll, dass auch gut bewertete Rezepte absolut widerlich sein können. Passt besonders gut zu einem halben Big Mac, den Sie noch vom Vorabend im Kühlschrank haben. Guten Hunger!

Zubereitung

Ein richtig gutes Rezept erkennt man daran, dass man alle Zutaten für die Sauce verrühren und dann erst mal für 25 Sekunden in die Mikrowelle schmeißen soll. Aber doch nicht auch die Gewürzgurken und die Zwiebeln? Doch, doch, auch die. Alles. Zusammen. Danach schön in den Kühlschrank und über Nacht ziehen lassen. Das ist insofern gut, weil Sie dadurch noch etwas Zeit haben, sich zu überlegen, ob Sie wirklich einen Big Mac Salat zu Ihrer Party reichen wollen. Sie könnten ja zum Beispiel auch einfach 50 Big Macs bestellen und sie den Gästen ins Gesicht werfen. Das wäre doch auch mal was, oder? Nein? Na gut. Dann braten Sie halt Hackfleisch an und halbieren Sie Burgerbrötchen, und schichten Sie das alles in eine große Schüssel. Und freuen Sie sich, wie gesund Sie doch leben. Jeden Tag Salat. Wirklich toll, das mit den Blutwerten muss ein Messfehler gewesen sein, ganz sicher.

Ja, Frau Doktor, ich esse nur Salat, ja ja. Immer nur Salat, ich weiß auch nicht, Frau Doktor. Ja, bisschen Fleisch ist da schon mit dran, nein, nur 1 Kilo Fleisch und Mayonnaise und Salatcreme und Zucker und Ketchup. Wie, kein Salat? Doch, doch, chefkoch hat gesagt, das ist ein Salat, und chefkoch hat immer Recht. Ja, Frau Doktor, jetzt, wo Sie es sagen, es zwickt tatsächlich so ein bisschen in der Brustgegend.

Itzehoer Allerlei

Itzehoer Allerlei

Zutaten

5 m.-große	Zwiebel(n)
1 Pck.	Toastbrot
200 g	Rostbratwürstchen (Nürnberger)
200 ml	Tomaten, passierte
1 Tube/n	Tomatenmark
200 ml	Sahne
16	Ei(er)
	Salz und Pfeffer
1 Handvoll	Erdnussflips
100 g	Parmesan

Man weiß ja gar nicht, wo man anfangen soll. Eine komplette Packung Toastbroat? 16 Eier!? Warum Nürnberger in Itzehoe? Und dann natürlich noch »Bei Bedarf eine gute Handvoll Erdnussflips hinzufügen.« Ein Satz, den ich gerne nie in meinem Leben gelesen hätte. Zumal es sicher Menschen gibt, die Erdnussflips mögen. Und auch solche, die sie nicht mögen. Es soll sogar Menschen geben, denen Erdnussflips mal komplett am Arsch vorbeigehen, aber es gibt mit Sicherheit niemanden mit Bedarf an Erdnussflips als Teil eines Auflaufes. Wisset auf jeden Fall, dass, wenn die Nächte lang und kalt werden in Schleswig-Holstein, irgendwo in Itzehoe jemand in seiner oder ihrer Küche steht und dieses bizarre Allerlei, wahrscheinlich im Allerleingang, verdrückt. Guten Hunger!

Zubereitung

Es war eine stürmische Nacht, die das kleine Örtchen Itzehoe für immer erschüttern sollte. Schon lange fürchteten sich die Dorfbewohner vor ihrem Fürsten, der auf dem Berg hoch über der Stadt residierte. Keiner hatte jemals seinen Adelssitz betreten, und so rankten sich um den Herrn Doktor von Itzehoe Gerüchte wie Schlingpflanzen um faule Äste.

Blitze zerrissen in jener Nacht die Wolken, und ihr Widerschein glänzte in den zuckenden Augen des Doktors, während er in seinem geheimen Laboratorium auf und ab schritt. Eine ungesunde Unruhe tobte in ihm. Es war an der Zeit. Es musste geschehen. Noch heute.

»Igor!«, schnappte von Itzehoe, und schaumiger Speichel sprühte von seinem Mund. »Igor!«

»Ja … M-m-m-meister?« Igor kam angekrochen, unterwürfig wie immer und seinem Meister gegenüber genauso angst- wie hasserfüllt.

»Steht alles bereit, Igor?«

Das steife Bein des Dieners zuckte.

»Igor! Ist alles bereit?!«

»J-j-j-ja. M-m-m-meister.«

»Ausgezeichnet! Du wirst heute weniger beworfen werden.«

»D-d-d-anke, M-m-m-meister …«

Der Doktor entfernte sich, streifte sich den weißen Kittel über und beugte sich zu der Auflaufform, deren Inhalt schon über die Ränder blähte. Er grinste.

»M-m-m-meister … m-mir ist nicht w-w-wohl dabei. Was ist in dieser F-f-f-form?«

»Was in dieser Form ist? Ha. Haha – muhahaha! Was hier darin ist, fragst du Lächerlicher?! Es sind 5 Zwiebeln und eine Packung Toastbrot!«

»Ei-ei-eine ganze Pa-pa-packung?«

»Jaaaa! Und 200 Gramm Nürnberger!«

»A-aber das hier ist doch nicht Nü-ü-ürnberg. Hier ist doch …«

»Itzehoe! Jahahahaha! Und das alles habe ich gebraten. Angebraten habe ich es!« Das wirre Gegacker des Doktors war zu einem bedrohlichen Wispern geworden. Er sprach nun nicht mehr zu Igor, er flüsterte sich selbst zu und streichelte die dampfende Auflaufform, die er gerade aus dem Ofen geholt hatte. Fast liebevoll wurde sein Tonfall. »Und dann, 16 Eier … 16 Eier. Und Tomaten, 200 Gramm und auch Sahne, 200 Gramm und eine Tube Tomatenmark. Und das alles in die Auflaufform. Und hinein in den Ofen, 20 Minuten, 200 Grad.«

Igor wurde es unheimlich. Langsam schritt er rückwärts, nur weg, weg von diesem Verrückten! Er musste fliehen, musste fort.

»Igor!« Verdammt. »Igor! Ich habe es vergessen. Schnell, reich mir die Erdnussflips!«

»E-e-erdnussflips?«

»Ja doch! Fix!«

Widerwillig humpelte Igor in die Küche und holte das Gewünschte, auch wenn es ihn so ekelte. Sein Folterinstrument. Wie oft er schon mit ihnen beworfen wurde, nur weil es seinen Herrn langweilte. Er schauderte.

Der Doktor riss ihm die Tüte aus der Hand. Igor hörte ihn murmeln: »Bedarf, Bedarf, ich habe Bedarf.« Sein Herr war doch komplett durchgedreht. Schichtete er da wirklich Erdnüsse in die Auflaufform? Fürst von Itzehoe nahm nun Parmesan, schüttete ihn über das Gemisch und betätigte einen Hebel, der die Luke in der Decke öffnete. Dann schraubte sich der metallene Tisch, auf dem das Jüngste Gericht aufgebettet war, in die Höhe. Ein Donnern fuhr herab, und explodierendes Licht traf die Substanz. Kurz waren sie taub und blind. Dann lachte der Doktor und schraubte die vom Blitz getroffene Auflaufform zurück in sein Laboratorium.

»M-m-meister… das su-su-suppt viel zu sehr. Das ist g-g-gottlos.«

»Nein! Du verstehst nicht! Es ist nicht gottlos. Denn ICH bin sein Gott. Dies ist meine Schöpfung! Dies ist mein Allerlei!«

Noch in derselben Nacht beschlossen die Dorfbewohner, dass sie genug hatten von dem irren Doktor und den fatalen Experimenten, die das sonst so stille und beschauliche Örtchen regelmäßig heimsuchten. Nur seine Kreation überlebte den Aufstand. Viele nennen es falscherweise bis heute Itzehoe. Doch Itzehoe war nur sein verrückter Erfinder. Und das Itzehoer Allerlei ist sein Monster, das seither die Welt heimsucht.

Spaghetti mit Bananen

Foto von Kräuterlady

Spaghetti mit Bananen

das mögen auch Kinder gerne

Zutaten

250 g	Nudeln, Spaghetti, gekocht
2	Banane(n), in Scheiben geschnitten
4 EL	Tomatenketchup
2	Ei(er)
1 EL	Butter
	Salz
	Thymian
	Paprikapulver

»Das mögen auch Kinder gerne«. »Auch«! Obwohl, man hört es ja immer wieder, Kinder sind lauter kleine, einzigartige Schneeflöckchen. Und es stimmt: Man freut sich jedes Jahr über das erste, die anderen werden zur Randnotiz. Es ist ganz schön, wenn sie an Weihnachten da sind, und sie sind visuell kaum zu unterscheiden. Wenn viele auf einem Haufen sind, ist das manchmal idyllisch und bedeutet doch meistens Stress für alle Beteiligten. Doch so individuell diese völlig planlos durch die Weltgeschichte rennenden Minimenschen (viele haben noch nicht mal eine Arbeitsunfähigkeitsversicherung) auch sein mögen, die Reaktion auf dieses Gericht dürfte bei allen Kindern gleich ausfallen: auf den Bauch werfen, mit den Händen auf den Boden einschlagen und aus ganzem Herzen schreien. Ein Manöver, das übrigens in jedem Alter funktioniert. Man verliert nur irgendwann den Glauben, dass man an seinen Umständen überhaupt noch irgendwas ändern kann. Und wenn sowieso schon alles egal geworden ist, kann man sich wirklich auch einfach Spaghetti mit Bananen reinfahren. Guten Hunger!

Zubereitung

»Wer hat die Kokosnuss geklaut?«, heißt es in einem berühmten Kinderlied. Eine Affenbande rast durch einen Wald auf der Suche nach einer Kokosnuss, doch niemand scheint sie zu haben. Am Ende stellt sich heraus, dass ausgerechnet das Affenbaby, von dem man es sicher am allerwenigsten erwartet hätte, die Kokosnuss entwendet hat. Da sie ja aber gefunden wird, geht die Geschichte noch mal gut aus. Die Kokosnuss, die für diese Affenbande von ungeheurer Wichtigkeit zu sein scheint, ist wieder da. Interessanterweise scheinen sich auch die Konsequenzen für das diebische Affenbaby in Grenzen zu halten. Lediglich eine schwache und grammatikalisch fragwürdige Moral wird dem Affenbaby, und damit auch dem Hörer, mitgegeben: »Klau keine Kokosnüsse nicht.«

Sie fragen sich sicherlich, was das alles mit »Spaghetti mit

Bananen« zu tun haben soll. Nun, stellen Sie sich vor, die Affenbande raste nicht »Wer hat die Kokosnuss geklaut?«, sondern »Wer hat die Bananen an die Ketchup-Spaghetti gemacht?« rufend durch den Wald. Sie merken es sicher schon selbst. Möchte man nur ungern als der- oder diejenige identifiziert werden, der/die die Kokosnuss geklaut hat, so möchte man instinktiv unter allen Umständen verhindern, dabei erwischt zu werden, Bananen an die Ketchup-Spaghetti zu machen. Um es kurz zu sagen, gehen Sie mit enormer Vorsicht und Verstohlenheit vor, wenn Sie gekochte Spaghetti in einer Pfanne mit Butter schwenken, Bananen und Ketchup unterheben und dann mit Salz, Pfeffer und Thymian würzen. Und erst recht, wenn Sie dem Ganzen noch ein Spiegelei aufsetzen. Denn wenn man Sie dabei erwischt, dann heißt es nicht »Mach keine Spaghetti mit Bananen nicht«, sondern dann gnade Ihnen Gott.

Kartoffel-Hotdogs

3/5   Foto von rennschnecke72

Kartoffel - Hotdogs

Auflauf mit Thüringer Bratwürstchen und Kartoffeln

Zutaten

1 Pck.	Bratwurst, Thüringer Art
10 m.-große	Kartoffel(n)
1 Pck.	Saucenpulver (Pfeffersauce)
1 TL	Gemüsebrühe, instant
1 Becher	Sahne
1 Becher	Milch
1 Becher	Wasser
	Salz
200 g	Käse nach Wahl, geriebener
evtl.	Chilipulver

Wer hat nicht schon mal in einen Hotdog gebissen und sich gedacht: »Hmm, schmeckt schon okay, aber man sollte das Brot, die Gewürzgurken, die Röstzwiebeln, das Hotdog-Würstchen und die Sauce ersetzen. Zum Beispiel mit einer

Kartoffel und einer gekochten Bratwurst.« Dieses kulinarische Äquivalent zu Tennissocken in Sandalen wird nämlich im Ofen, in einer Suppe aus Brühe, Sahne, Milch und Saucenpulver (Pfeffersauce) gekocht. Und ganz ehrlich, was macht es schon, wenn jemand kurz vor dem Foto noch auf den farblich passenden Teller kotzt? Guten Hunger!

Zubereitung

Kennen Sie das? Sie lieben Hotdogs, aber die sind Ihnen irgendwie zu groß, weil Ihre Hände so klein wie ein Eierbecher sind? Und die Zwiebeln sind Ihnen zu deftig? Die Gewürzgurke hat irgendwie so viel… wie sagt man noch… »Geschmack«? Ketchup ist Ihnen zu süß und Mayo zu fettig? Die Würstchen sind immer so knackig, dass es Ihnen an den Zähnen schmerzt, und außerdem glauben Sie einfach nicht an Brot? Wenn es doch nur die Möglichkeit gäbe, wenigstens das Brot des Bodens, die Kartoffel, das gelbe Gold, die mehligtrockene Nahrhaftigkeit in Reinformat in den Hotdog mit einzubauen, er würde von Ihnen eine letzte Chance bekommen. Wenn es doch nur die Möglichkeit gäbe, das Würstchen so labberig zu machen wie das Rückgrat diverser Politiker*innen! Aber halt, nicht so schnell! Diese Optionen gibt es doch! Alles, was Sie dafür brauchen, ist der Verlust jeglicher kulinarischen Ambitionen und eine Extraportion der »Eigentlich ist doch alles egal, reicht der zweite Stock schon, um hier einmal runterzuspringen?«-Einstellung. Nehmen Sie 10 Kartoffeln, machen Sie sie nackig, auch die Sandalen und Socken müssen weg. Kleiner Spaß, natürlich ist das Gemüse gemeint, Sie kleiner Dummkopf. Aber das überrascht mich nicht, dass Sie das missverstehen, immerhin sind Sie nicht davon abzubringen, den Kartoffel-Hotdog zuzubereiten. Greifen Sie jetzt zum Apfelausstecher Ihrer Wahl, widerstehen Sie aber der Versuchung, sich damit ein Loch in die olle Denkfabrik zu stanzen, sondern durchbohren Sie viel lieber der Länge nach eine Kartoffel. Füllen Sie jetzt dieses so entstandene Loch mit einer ungebratenen Bratwurst. Toll! Und überhaupt nicht phallisch angehaucht. Wollen Sie mir an dieser Stelle von Ihrer Mutter erzählen? Nein, okay, auch gut. Dann lassen Sie halt Ihre Kartoffel-Colddogs lieber in eine Auflaufform purzeln, klauen Sie noch eine Fertigmischung Pfeffersoße, bereiten Sie diese zu, und kippen Sie das Ganze als weiße klebrige Masse über die überhaupt nicht phallisch anmutende Würstchen-Loch-Konstruktion. Wie geht es eigentlich Ihrem Vater? Auch nicht? Okay, okay. Backen Sie das jetzt alles ein und lassen Sie es bei 180 Grad im Ofen. Dann noch einmal in die Röhre spickeln, und widerstehen Sie bitte der Versuchung, den Kopf gegen die offene Backofentür zu rammen. Lassen Sie ein wenig Käse auf Ihre Konstruktion fallen und diese noch mal 15 Minuten backen. Wie Sigmund Freud sagen würde: Bon AppeTitte.

Bolognese

Bolognese

die leichteste Variante

Zutaten

1 kg	Hackfleisch, gemischt
1 gr. Flasche(n)	Ketchup
1 m.-große	Zwiebel(n)
1 TL	Senf
2 TL	Currypulver
	Kräuter (Oregano, Majoran, Basilikum, Thymian)

»Simplicity is not stupidity«, hat einmal ein Mensch gesagt, dem wohl nie dieses Gericht vorgesetzt wurde. Ein Kilo Hack auf eine große Flasche Ketchup. Eine Kriegserklärung an Italien. Ein kultureller Bankrott. Was soll – ich … also … auf so vielen Ebenen! … Nein. Einfach nur Nein. Guten Hunger!

Zubereitung

»La dolce vita« ist für Sie nicht nur eine Phrase, sondern ein Lebensgefühl. Nicht umsonst prangt es in goldener Glitzerschrift als Wandtattoo über Ihrem Küchentisch. Wie die Italiener trinken Sie morgens auch ganz gerne mal einen richtigen Cappuccino. Wasser kochen, auf das Pulver gießen, umrühren, schon fertig. Bellissimo! Und Ihre traditionelle Bolognese erst, wie von Nonna. Mmmh, mamma mia, perfetto! Zwiebeln und Hack anbraten, Curry, Senf, Ketchup unterrühren. Jetzt noch kurz aufkochen lassen und eintauchen in die wunderbare Welt Italiens. Der Geruch, der Geschmack und die Frage, wieso Sie nicht schon lange Ihr eigenes italienisches Restaurant aufgemacht haben. »Che Cazzo Cucinandi?« würde es heißen, und Menschen aus aller Welt würden für die authentische italienische Cuisine anreisen. Bald schon Ihr Gesicht im Michelin-Guide. Reichtum, Ruhm, Riviera. Die Titelseite der DB Mobil, Sie sind ganz oben angekommen. Sie ziehen sich aus dem öffentlichen Leben zurück, verbringen Ihren wohlverdienten Lebensabend an der Adria, bei Tetrapak-Wein und Bruschetta (Toast mit Tomatenmark). Aaaah, tutto bene. Und während die Sonne ins Meer eintaucht und ein paar letzte Strahlen in Richtung Ihres Liegestuhls sendet, schließen Sie die Augen und atmen die sorgenfreie Luft. Ein letztes Mal vom Aperol genippt, und der süße, süße Schlaf überkommt Sie. Schlaf, für immer. Buona notte, Stronzo.

Lasagne mit Hühnerherzen & Bananen & Champignons

Foto von floridianerin

Lasagne mit Hühnerherzen & Bananen & Champignons

à la Karen

Zutaten

6	Lasagneplatte(n)
	Für die Sauce:
1	Zwiebel(n)
2 Zehe/n	Knoblauch
450 g	Herz(en), (Hühnerherzen)
400 g	Champignons, frische
2	Banane(n)
2 EL	Tomatenmark
125 ml	Fleischbrühe
125 ml	Weißwein
	Salz
1 EL	Mehl
1 TL	Oregano

Heilige Scheiße, Karen, was stimmt mit dir nicht?! Was um alles in der Welt hat dich so radikalisiert? Was haben Hühner dir angetan, dass du, gleich einem wahnsinnigen Killer, ihre kleinen Herzen zu großen Mengen in rostigen Eimern sammelst, sie zubereitest und dann hannibalesk verspeist? Haben Hühner deine italienische Familie auf einer Bananenplantage mit Giftpilzen ermordet? Was haben sie dir angetan? Ich will nur verstehen… Und, Karen, bevor du sauer wirst: Ich bin kein Huhn, wirklich. Guten Hunger!

Zubereitung

Für die Erschaffung jenes Cuisine-Genusses machen Sie sich zunächst nackig. Reiben Sie nun Ihren gesamten Körper mit gängigem Schlamm ein. Nachdem Sie sich eingerieben haben, stoßen Sie nun einen markerschütternden Schrei aus. Entschuldigen Sie sich im Anschluss nötigenfalls bei Ihrem Mitbewohner Mark. Begeben Sie sich nun, nackt und braun, perfekt getarnt, auf die Jagd nach dem Gallus gallus domesticus, dem gemeinen Huhn.

Steigern Sie sich in diese Jagd ruhig hinein, hat das gemeine Huhn doch sicherlich Ihre Eltern angezündet und Ihr Haus gemordet. Spüren Sie den Hass in sich aufkeimen, wenn Sie in die leeren, immer glotzenden Augen Ihrer Opfer schauen, wenn Sie sie aus ihren umzäunten Brutstellen rauben. Verschonen Sie niemanden, entführen Sie alle, egal ob alt oder jung, Hauptsache Huhn, Hauptsache gemein. Für die Experten empfiehlt es sich, an dieser Stelle äußerst schrill zu kichern.

Sollten Sie von Menschen auf Ihrer Jagd gestört werden, keine Sorge. Schreien Sie nochmals markerschütternd – anscheinend heißen alle Bauern Mark – und entschuldigen Sie sich nicht, so bleiben diese erschüttert und erstarrt.

Wenn Sie nun zwischen 45 und 90 Hühner gestohlen haben, beginnen Sie, ihnen einzeln das Herz herauszureißen. Hier empfiehlt es sich, dieses mit dem eigenen Mundwerkzeug zu tun, sprich, den fedrigen Brustkorb aufzubeißen, mit der Zunge ein bisschen im Huhn zu wühlen und das Herz zwischen den Zähnen zu packen und zu ziehen. Wer an dieser Stelle moralische Bedenken haben sollte, der stelle sich vor, wie ein Huhn vollautomatische Waffen an Unrechtsregime verkauft. Sehen Sie, wie viel Geld es damit macht? Und jetzt bezahlt das Huhn mit diesem Blutgeld auch noch kleine Kinder dafür, Katzenbabys zu töten! Dieses Huhn muss gestoppt werden!

Haben Sie nun alle 45 bis 90 Hühnerherzen in rostigen Eimern aufgefangen, beginnen wir endlich mit dem Kochen. Zwiebeln, Knoblauch, Herzen und Champignons anbraten, Tomatenmark dazu, Bechamelsauce, Butter, Milch und Mehl, Sie kennen das. Genießen Sie diese Prozedur, lassen Sie die Herzen langsam aus dem rostigen Eimer in die rostige Pfanne schlittern. Gönnen Sie sich dazu auch ein Glas Weißwein, das im Originalrezept zwar auftaucht, aber nirgends zum Einsatz kommt. Klopfen Sie sich selbst auf die Schulter. Das haben Sie gut gemacht, Sie wahnsinniger Psychopath! Beginnen Sie nun, das Ganze mit Bananen aufeinanderzuschichten. Verweigern Sie dem Huhn also noch im Essensprozess einen würdevollen und sinnstiftenden Tod. Setzen Sie das solcherart entstandene Festmahl, wenn es Ihnen beliebt, Ihrem Mitbewohner, Freund und Bauern Mark vor. Es wird ihn erschüttern. Versprochen.

Partyhit Pfundstopf

8/9   Foto von bidru

Partyhit Pfundstopf

Zutaten

500 g	Steak(s) (Hüftsteak)
500 g	Schweineschnitzel
500 g	Hackfleisch
500 g	Zwiebel(n)
500 g	Paprikaschote(n), grüne, gelbe, rote
500 g	Champignons
500 g	Tomate(n), aus der Dose
500 g	Tomate(n), pürierte
3 EL	Essig (Weißweinessig)
2 TL	Chilipulver
1 TL	Paprikapulver, edelsüß
1 Msp.	Zimt
2 EL	Zucker
3 TL	Salz

500 scheint die Glückszahl von cookie60 zu sein. Wer wünscht sich für seine Party denn keinen brodelnden Schwitz aus Steak, Schnitzel und Hack? Die Legende besagt, wer genau hinsieht, findet im Pfundstopf ein ganzes Pferd wieder. Bei dieser Menge an Fleisch wundert es einen auch nicht, wenn nach dem Partyhit der Partyshit folgt. Und das, obwohl nur gute Zutaten verwendet werden, wie »Paprikapulver, edelsüß« und 500g Zwiebeln. Oder in der Bildvariation: zwei abgelutschte Salatblätter als Schmuck obendrauf. Aber der wirklich perverse Fleischkonsum, der mit 1,5 Kilogramm auch ein halbes Neugeborenes sein könnte, wird von der Community gefeiert: »Das werde ich zur Einschulung ausprobieren. […] Vielen Dank für das Rezept.« Na denn. Guten Hunger!

Zubereitung

Der »Scheiß auf alles einfach«-Mindset als Rezept. In doppelter Hinsicht. Sowohl vor dem Essen, bei der Zubereitung und erst recht nach dem Essen, beim Besuch in den Porzellanhallen. Lassen Sie einfach los. Alles Irdische ist doch ohnehin vergänglich. Wozu sich also Mühe geben? Beim Essen, bei der Arbeit, es ist alles scheißegal. Nehmen Sie halt jeweils ein halbes Kilogramm Steaks, Schweineschnitzel, Hackfleisch, Zwiebeln, Paprika, Champignons, Tomaten und pürierte Tomaten und ballern Sie das alles, zusammen mit den Gewürzen, in einen Bräter. Machen Sie es einfach, glauben Sie mir, es ist egal. Alles egal. Rein damit. Rein damit, dann ab in den Ofen, zack zack, 170 Grad, 3 Stunden. Oder 4 Stunden, oder 5. Auch das: egal. Schütten Sie das Zeug in Ihre Badewanne und springen Sie rein, wie ein wahnsinnig gewordener Dagobert. Suhlen Sie sich in Ihrer Kreation. Oder essen Sie den Pfundstopf.

Mit Freunden, alleine, Sie wissen schon, was ich jetzt sagen werde … Es ist egal. Sie sind frei. Frei im Herzen, diese Pampe zu essen oder für immer in den Hungerstreik zu treten. Aber, natürlich, auch frei, diesen Topf des Grauens als »Partyhit« zu bezeichnen und irgendwo anzubieten. Your choice.

Schnitzeltorte

🖼 3/3   Foto von Ajlm0812

Schnitzeltorte

tortenartiges Gebilde, auch für Partys

Zutaten

6	Schnitzel, (Schinkenschnitzel)
1	Weißbrot
etwas	Mehl
etwas	Paniermehl, oder Semmelbrösel
1 EL	Sahne, geschlagene
2	Ei(er)
	Salz und Pfeffer
	Öl
	Außerdem: (für das Kartoffelpüree)
1 kg	Kartoffel(n), mehlig kochende
3	Knoblauchzehe(n)
	Muskat

Diese Schnitzeltorte hat es mir angetan. Denn das Schinkenschnitzelstapeln macht als Geschicklichkeitsspiel noch mehr Spaß als Doktor Bibber, und das absolute Highlight ist natürlich, den Kartoffelbrei so gegen den babylonischen Schnitzelturm zu klatschen, dass daraus ein »tortenartiges Gebilde« entsteht. Es macht so Spaß, dass man bei der Zubereitung zwangsläufig zu kichern beginnt und ganz wirr mit sich selbst redet. Kihihihi – Moment! Torte… Dreieckig… dreieckige Torte… Auge… die Tomate als Auge oben auf der Schnitzelpyramide – ILLUMINATI! Jetzt ist es klar! Die Illuminati versuchen, die Bevölkerung durch erhöhten Cholesterinspiegel zu minimieren! Schnitzeltorten statt Chemtrails! Wacht auf, Sheeple, wacht endlich auf! Und natürlich: Guten Hunger!

Zubereitung

Im ersten Schritt zu dieser erleuchteten Feinheit, die schon die pyramidistischen Altägypter verehrten, entledigen Sie sich bitte komplett Ihrer Kleidung. Wie wir alle aus mehreren hochqualitativen journalistischen Arbeiten wissen, sind alltägliche Klamotten mit negativen biokinetischen Wellen aufgeladen, die die drei Chakren (Verstand, Gefühle und Verfühle, die Mischung aus Verstand und Gefühle) blockieren und die Konsument*innen der Essensindustrie gefügig machen sollen. Aber stopp, denken Sie sich da, Sie sind ja nicht dumm. Denn jetzt sind Sie nackt, das heißt angreifbarer für triptorische Dreiecksflutung, und da haben Sie natürlich Recht! Nein, wir wollen alle nicht unser inneres Dreieck von Triptychonen geflutet wissen. Basteln Sie sich deswegen einen Anzug aus Alufolie. Hoffentlich haben Sie noch genug Schutzfolie zu Hause, ansonsten wird der Einkauf so ganz ohne Klamotten vielleicht ein wenig unangenehm. Wenn Sie aber schon so, wie die uralte Alienrasse der Amphibioten Sie schuf, einkaufen gehen, besorgen Sie sich doch gleich noch 5+1 Schnitzel (ACHTUNG! Das Ergebnis ist die Zahl des Anti-Christen und darf nicht ausgesprochen werden!), 1 Laib Weißbrot, 1 Kilo Kartoffeln, 750 Gramm Möhren, 8 Cocktailtomaten, 1 Bund Petersilie, 3 (bedreiecken Sie hier Ihr Haupt für die Öffnung der Chakren und des Darms) Knoblauchzehen, 1 Butter, 150 g Milch, etwas Mehl, Semmelbrösel, 1 Becher Sahne, 2 Eier (davor den Eiertanz aufführen für extra Fruchtbarkeit der Göttin Wa-Dschina), Öl und Salz. Zurück in Ihrer – hier ein kleines Kompliment – hervorragend ausgependelten Wohnung schälen Sie Kartoffeln und Möhren und kochen beides so lange mit Salz und einer Prise Zucker, bis sie weich sind. Im Anschluss transformieren Sie Kartoffeln, Möhren und die Petersilie nur mit der Hilfe eines Mixers zu Brei. Das Wunder der Alchemie! Währenddessen reinigen Sie die Schnitzel von ruhelosen Kuhgeistern. Werfen Sie sich dazu ein Bettlaken über den Kopf und rufen Sie statt »Buuuh!« einfach ein neckisches »Muuuh!« Nachdem die Schnitzel gereinigt wurden, müssen sie noch paniert werden. Dafür wenden Sie diese in Mehl (sehr passend übrigens, ist Mehl doch das Bettlaken des Schnitzels) und tunken Sie sie anschließend in eine Sahne-Ei-Mischung. Dann noch einmal in Semmelbrösel wenden, in der Pfanne anbraten, zur Seite legen, abkühlen lassen und in Streifen schneiden. Denn die Schnitzeltorte wird wie die Rache der Reptiloiden am Menschen am besten kalt und mundgerecht serviert. Transformieren Sie nun das Weißbrot mit nichts als einem Messer und ein paar Querschnitten in Schnitzeltortenböden. Fast so gut, wie aus Blei Gold zu machen! Nun können Sie mit dem Schichten beginnen. Erster Boden, Schnitzelstreifen, zweiter Boden, Schnitzelstreifen, dritter Boden, Schnitzelstreifen, vierter Boden, Schnitzelstreifen. Dann formen Sie mit dem Kartoffelbrei diese Torte zur länglichen Pyramide. Platzieren Sie im Anschluss die Tomaten als allwissende Augen. Zeichnen Sie jetzt ein Pentagramm um die Schnitzeltorte und führen Sie, wie von Anfang an geplant, die Beschwörung der großen Alten durch. Herzlichen Glückwunsch! Das Portal der Gottlosigkeit hat sich dank Ihrer Kochkunst geöffnet, und die Menschheit kann endlich vor den Chemtrails gerettet werden, indem sie von außerirdischen Göttern, deren Namen wir nicht verstehen können, vernichtet wird.

Fleischwurst mit Farmersalat

Foto von KariLa

Fleischwurst mit Farmersalat

Zutaten

3	Lauchzwiebel(n)
200 g	Salat (Farmersalat, Kühlregal)
	Pfeffer, weißer
etwas	Salz
1 Ring/e	Fleischwurst (ca. 600 g)
n. B.	Salat, einige Blätter davon
	Ketchup
	Mayonnaise

Der durchschnittliche Tagesbedarf an Kalorien liegt in etwa bei 2200 kcal. Im Angesicht einer solchen Empfehlung würde sich dieser mayonnaisegewordene Albtraum sehr gut machen – wenn man nur einmal am Tag essen würde. Im direkten Widerspruch dazu steht aber leider der durchschnittliche Tagesbedarf an Fleischwurst, der bei genau 0 Fleischwürsten liegt. Na ja, wenigstens scheint die end- und gnadenlose

Herrschaft der Maschinen noch weit in der Zukunft zu liegen, wenn der Video-Tipps-Algorithmus von Chefkoch zu diesem Rezept »5 Tipps: So bleibt dein Salat knackig« vorschlägt. Knackig sind bei diesem Rezept nur der Teller und die Geschwindigkeit, mit der der Körper verzweifelt das Gegessene wieder loszuwerden versucht. Guten Hunger!

Zubereitung

Da liegt er, der Fleischwurstring. Vor Ihnen, auf dem Tisch. Sieht er nicht bezaubernd aus? Das Rumkugel-Äquivalent des Metzgereigewerbes. So lecker und so nahrhaft, doch manchmal darf es ruhig ein bisschen ausgefallener werden. Tun Sie Ihrer Fleischwurst doch mal was Gutes. Sie müssen ja nicht gleich ein Schaumbad einlassen und die Wohnung mit überall verstreuten Rosenblüten dekorieren, Ihre Fleischwurst dann auf ein paar sündhaft teure Cocktails einladen und sie zu Hause vernaschen. Nein, gar nicht nötig, manchmal können schon kleine Gesten Großes bewirken. Kaufen Sie den guten Farmersalat aus dem Kühlregal. Das wäre zwar schon romantisch genug, aber Sie setzen besser noch einen drauf, nur um auf Nummer sicher zu gehen. Schneiden Sie drei Lauchzwiebeln klein und mischen Sie diese unter den Farmersalat. Jetzt schneiden Sie die Fleischwurst liebevoll waagerecht auf und schmieren Sie die ganze Pampe da rein, liebevoll, alles liebevoll, und achtsam. Den sogenannten Deckel der Fleischwurst wieder auf das Gebilde klappen. Nun brauchen Sie nur noch zärtliche Ketchup- und Mayonnaisekleckse auf die Fleischwurst geben, und schon steht einem lauschigen Abend zu zweit nichts mehr im Wege. Nur Sie, Ihre Fleischwurst und eine nicht enden wollende Liste an Möglichkeiten.

Salzstangen-Auflauf

Foto von Kokloppel

Salzstangen-Auflauf

schneller Snack

Zutaten

85 g	Salzstangen
100 g	Schinken
250 g	Gouda, in Scheiben oder gerieben

Wem es nicht reicht, sich jeden Tag selbst zu belügen, der kann jetzt auch Mediziner*innen anschwindeln: »Ja, natürlich hab ich nur Magenschonendes gegessen, nur Salzstangen, sicherlich!« Dieses Rezept passt hervorragend zu Diarrhoe, oder de rien, wie der Franzose sagt. Einmal mit dem krankem und aus allen Körperöffnungen schleimenden Körper elegant durch die Wohnung stolpern, alles im Backofen zusammenlöten, fertig. Nicht nur funktioniert dieses Rezept als Symbolbild für den eigenen triefenden miefenden Körper, nein! Vielmehr schafft es dieses Gericht, den geschundenen Korpus in einem ewigen Zyklus aus Fressen und Flüssigstuhlen zu halten, sodass man nie mehr gesund wird. Das heißt nie mehr Arbeit, wie geil ist das denn? Und wenn Sie ganz viel Glück haben, schlafen Sie bei der Backzeit ein, verbrennen in der Wohnung und müssen diese kulinarische Entgleisung nicht mal mehr essen! Guten Hunger!

Zubereitung

Um dieses Rezept korrekt kochen zu können, gehen Sie zunächst, anstatt wie sonst immer Ihren Feierabend und Ihr Restchen Kleinhirn vor Netflix wegzubrutzeln, auf die nächstbeste WG-Party eines Sportstudiums-Ersti. Ja, das ist viel verlangt, sind Sie doch sicherlich Mitte dreißig, berufstätig, leicht angedickt und – Gott sei Dank – kein Sportstudiums-Ersti.

Drängen Sie sich also in die schwitzende Menge junger Menschen, die gerade erst, mit großen Augen und Träumen, voller Elan in die Welt gestartet sind! Ich weiß, wie ekelhaft ist das denn? Aber wer den Salzstangenauflauf will, wer ihn richtig hart will – denn wer will ihn nicht? –, der muss sich dieser Herausforderung stellen.

Quetschen Sie sich an der obligatorischen Bier-Pong- und Bier-Bong-Ecke vorbei, spucken Sie dem Gastgeber (ein Johannes, der von allen nur Joe genannt werden will) unauffällig in sein warmes Becks' Ice (»Haha, das schmeckt einfach so frech nach Limette!«) und positionieren Sie sich neben der soeben geöffneten gemischten Knabberbox von Crusti Coc!

Und jetzt bleiben Sie die ganze Nacht genau dort stehen. Bewegen Sie sich nicht. Nehmen Sie konsequent die Salzstangen ins Visier. Beobachten Sie sie. Sehen Sie zu, wie die Knusperfische neben Ihnen weggegessen werden, aber die Salzstangen unangetastet bleiben. Wie die Mohnräder weggeknuspert, doch die Salzstangen nicht angerührt werden. Wie die Erdnüsschen aufjohlen vor Freude, verschlungen zu werden. Und wie die Salzstangen über dieser Verschmähung sauer werden. Denn wissen Sie was? Es gibt da eine ganz entscheidende Parallele. Das sind Sie. Sie sind diese Salzstangen. Niemand will Sie.

Jetzt ist der Moment gekommen, im Weltschmerz zu versinken. Denken Sie an traurige Sachen. Ihr Privatleben. Herrjemine! Ihr Berufsleben. Auweh! Tote Katzenbabys. Was für ein Trauerspiel! Machen Sie sich so lange selbst traurig, bis Joe in die Toilette kotzt (»Ich hatte doch nur Becks' Ice … Ich glaub, mit der Guacamole stimmt was nicht«). Nutzen Sie die daraus entstehende Aufruhr, um blitzschnell und klammheimlich Ihre Patschepranken in die gemischte Knabberbox niederfahren zu lassen. Greifen Sie Ihresgleichen in Laugengebäckform und lassen Sie die salzige Metapher Ihres Lebens unbemerkt in Ihrer Hosentasche verschwinden.

Zu Hause angekommen fühlen Sie sich schlecht. Also wirklich schlecht. Hätten Sie mal nicht von Joes weltbekannter Guacamole genascht, Sie Schlingel. Um den Magen zu schonen, knuspern Sie ein freches Salzstängelchen weg. Ach, eigentlich ist doch alles egal. Nehmen Sie etwas Schinken und decken Sie Ihre Knusperichs damit zu. Dann überschütten Sie Ihren Weltschmerzwegessversuch noch mit ordentlich Käse, ab in den Ofen damit, 20 Minuten warten und ach – eigentlich, wenn Sie ehrlich sind, haben Sie doch auch gar keine Lust auf Salzstangen.

Wiener im Kloßteig

Wiener im Kloßteig

lecker, schmackhaft und einfach für klein und groß

Zutaten

2 Pkt.	Teig (Kloßteig)
10 große	Ei(er)
4 Paar	Würstchen (Wiener)
1 gr. Flasche(n)	Ketchup, zuckerreduziert
n. B.	Salzwasser
etwas	Salz und Pfeffer

Es ist okay, Nein zu sagen. Auch zu Rezepten. Vor allem, wenn sie dazu auffordern, ohne Umwege direkt erst mal zwei Packungen Kloßteig mit 10 Eiern zu kombinieren. Umso mehr, wenn dieser zukünftige Stein im Bauch um Wiener Würstchen gewickelt, in kochendes Wasser geworfen und 25 Minuten ziehen gelassen wird. Diese 25 Minuten sollte man dringlichst dazu nutzen, sich in eine Ecke zu setzen, in sich zu gehen und über die Entscheidungen nachzudenken, die einen an den Punkt gebracht haben, an dem man sich jetzt gerade befindet. An den »Wiener im Kloßteig«-Punkt. Danach kommt nicht mehr viel. Bitte nur vorsichtig salzen, die meisten Menschen brechen bei ihrem ersten Wiener im Kloßteig unkontrolliert in Tränen aus, da kann es schnell zu salzig werden. Guten Hunger!

Zubereitung

In der Zubereitung zu diesem Rezept steht, man solle die eingewickelten Wiener ziehen lassen. Und man wünscht sich inbrünstig, dass damit das Ziehen lassen gemeint ist, das beinhaltet, dass die ummantelten Schweinesticks ihre Siebensachen packen und für immer die Wohnung, das Haus, das Land und Ihr erbärmliches Leben verlassen. Aber es ist nicht so gemeint. Es ist nie so gemeint, wie man es sich erhofft. Es wird stattdessen tatsächlich verlangt, dass man diese billigen Bifi-Roll-Imitationen für 25 Minuten ins kochende Wasser schmeißt. Und damit nicht genug. Man soll sie danach auch noch aus dem Wasser rausholen, zusammen mit Unmengen an Ketchup auf den Teller klatschen und verspeisen. Warum man sich das antun soll? Darauf liefert das Rezept leider keine Antwort. Es merkt lediglich an, dass man die Wurst im Kloßmantel auch sehr gut kalt, als Pausenbrot sozusagen, verzehren kann. Und wem bei der Vorstellung einer ehemals warmen, nun erkalteten Wurst in einem dicken Panzer aus matschigem Kloßteig nicht das Wasser im Mund zusammenläuft, der hat auf chefkoch.de eben nichts zu suchen, ganz einfach.

Mafiatorte

1/6   Foto von glizzer

Mafiatorte

Ein echtes Männeressen

Zutaten

1500 g	Hackfleisch, gemischt
1 Dose	Erbsen
1 Dose	Champignons, in Scheiben
1 Glas	Tomatenpaprika, eingelegter
3 EL	Sauce, (Schaschliksauce)
3	Ei(er)
3	Brötchen, altbacken
500 g	Käse, (Gouda)
3	Zwiebel(n)
etwas	Salz und Pfeffer
1 Glas	Sauce, (Zigeunersauce)
1 Becher	Sahne

Ein echtes Männeressen! Weicheier, stay away! Das kann die Frau mal schön in der Küche zubereiten, während wir Männer hier unser Bier trinken und reden. Aber nur über Politik und

Fußball! Wer Gefühle hat, kann ja mitkochen. HÖHÖHÖ. Wer hat den längsten Pimmel und die meisten Weiberz wegoperiert? HAHAHA. Wenn jeder seine Männerportion Männerhack in sich reingemännert hat, wird Sohnemann das Motorrad gezeigt, und die Tochter soll was stricken oder so (lol, wie unmännlich). Noch 'nen Klaps auf den Arsch für die Alte, damit sie fürs Abwaschen in Schwung kommt, und nichts wie rein in die Garage. Die komischen Linken mit ihrer Gender-Agenda können uns mal, bei uns ist »Ich bin ein Mann!« noch was wert. Warum und wie genau, weiß zwar keiner, aber war ja schon früher so, und Männer sind eben so, und Diskriminierung hat mich als heterosexuellen weißen Mann noch nie gestört, wo also ist euer Problem? Dazu passen eine Mitgliedschaft (GLIED, LOL) bei der CSU, Heteronormativität oder beliebige andere Auswüchse einer lähmenden Angst vor Bedeutungslosigkeit. Guten Hunger!

Zubereitung

Kennen Sie das? Sie sind ein Mann Mitte zwanzig, aber Sie verlieren Ihre Haare schneller als Ihre Freundin schon wieder den Autoschlüssel (hehe, typisch!)? Ihr Bauch wird langsam wabbelig vom vielen Bier, und besagte Freundin hat ihm schon einen eigenen Namen gegeben? Seit Kurzem haben Sie im Bett Probleme, irgendwie mussten Sie in letzter Zeit währenddessen an Ihre alte Mathelehrerin mit dieser flatternden Oberarmhaut denken, und dann kam Ihnen auch noch die Frage, wie noch mal die erste binomische Formel lautet ($(a + b)^2 = a^2 + 2ab + b^2$ – wir haben hier schließlich einen Bildungsauftrag), und dann mussten Sie denken UND eine Erektion haben, und dafür hat nun wirklich keiner genug Blut im Körper? Dann erobern Sie sich jetzt Ihre Männlichkeit zurück und zwar mit einer eskalativen KOCHSESSION! ARRRGGGHHH!

Schreien Sie zunächst laut auf und hauen Sie sich auf die Brust. Schmerz ist männlich! Legen Sie jetzt die neue Platte von Taylor Swift ein und drehen Sie den Regler auf volle Lautstärke, baden Sie im emotionalen Schmerz verdrängter Erinnerungen. Zu den poppigen Melodien lässt es sich einfach super kochen.

Sie sind ein Mann! Und Männer sind hart. Was ist noch hart? Richtig. Feuer! Zeigen Sie also Ihrem Herd die kalte Schulter, sammeln Sie trockene Zweige und Gras und schlagen Sie ein paar Feuersteine zusammen. Passen Sie aber gut auf, dass da kein Finger dazwischenkommt, sonst sind die teuren American Nails hinüber.

Werfen Sie jetzt alles bis auf Sahne und Sauce für 50 Minuten in eine Auflaufform und ballern Sie es krass ins Feuer, echte Männer kümmern sich nicht um komplexe Gerichte, Männlichkeit ist simpel, FLEISCH GEIL! Während der Wartezeit verlieren Sie sich in den gletscherblauen Augen von Ryan Gosling. Gott, einmal eine Nacht mit diesem begnadeten Schauspieler … Und dieser Waschbrettbauch!

Nach Ablauf der Zeit – sind Sie noch da? Ich weiß … dieser sexy Welpenblick – rausholen, Sauce, Sahne, rumwühlen, boah, flatscht das, klingt wie beim Sex, aber das verstehen nur ECHTE Kerle! Dann noch mal für 30 Minuten in Brand setzen.

Beginnen Sie währenddessen zum dritten Mal mit der Shades of Grey-Reihe. Wann kommt endlich Ihr Multimillionär, der Sie sexuell befreit? Seufzen Sie dazu melancholisch, machen Sie sich einen Alles-wird-gut-Yogi-Tee, eine Wärmflasche, wickeln Sie sich in Ihre Kuscheldecke ein und blicken Sie ab und zu aus dem Fenster.

Jetzt ist das Essen fertig und Ihre Männlichkeit wieder zurückkonstruiert. Nach dieser Anstrengung dürfen Sie sich auch erst mal ein Sektchen gönnen.

Currywurstkuchen

Currywurstkuchen

Zutaten

600 g	Würste (Bockwurst, Rindswurst, Bratwurst)
400 ml	Ketchup (Gewürzketchup)
1 EL	Currypaste, rote Thai-, je nach gewünschter Schärfe)
1 EL	Salz
100 ml	Wasser
2 Beutel	Gelatinepulver (für ca. 1 Liter Gelatiniergut)
400 g	Hefeteig
1 EL	Currypulver

Auf den ersten Blick mag man denken: Was ist denn daran schlimm? Vielleicht ein bisschen ungewöhnlich, 'ne Curry-wurst auf Hefeteig zu gießen, aber na gut, mach doch, was du willst. Aber dann liest man weiter, und kurz bleibt das Auge bei den 2 Beuteln Gelatinepulver hängen. Man denkt nach, versteht nicht, will nicht verstehen, kann nicht glauben, was hier im Namen des Hungers angerichtet wird. Das ist nicht, was Herbert »The Nuschel« Grönemeyer einst besang! Je genauer man hinsieht, desto mehr Grausamkeit entdeckt man. Schreibtischköche werden sagen: »Ich bin nur dem Rezept gefolgt. Das war nicht meine Schuld.« Sie verweigern sich der Verantwortung. Und blickt man in die Kommentare, stockt der Atem wie Ketchupsoße. »[K]alt ist am besten. Sonst kann Dir die Gelatine weglaufen. Als Beilage habe ich schon verschieden Varianten versucht, Kartoffelchips, Krautsalat … Aber am klassischsten ist es natürlich mit so ner Art kalten Pommes frites […]. Mein Tipp: Man kann den Kuchen auch in ner Kranzform machen und dann die Pommes in die Mitte füllen.« Chefkoch ist ein Meister aus Deutschland. Guten Hunger!

Zubereitung

Alles Zukünftige ist bestimmt, daran gibt es keinen Zweifel. Kauft man 400 Gramm Fertighefeteig, rollt diesen in einer Kuchenform aus und erhitzt ihn 10 Minuten bei 230 Grad, so wird er goldbraun und geht auf. Brät man 600 Gramm Würste in der Pfanne, so wird das Fett spritzen und der fleischige Saft austreten. Dies sind klare Gesetze der Natur, die für alle gelten, eine ewige Ordnung, von einem höheren Wesen, welches manche wohl »Gott« nennen würden, zwischen die Atome niedergeschrieben. Und dennoch. Dennoch sieht sich der Mensch in seinem Geworfensein tagtäglich mit Hunger konfrontiert. Oder schlimmer noch: mit Bratwürsten in Ketchup, Currypaste und Wasser, aufgekocht für 20 Minuten, um dann, mit eisiger Berechnung, denn das ist kein Zufall!, mit eisiger Berechnung zwei Beutel Gelatine hineinzurühren. Und es ist das Gesetz, dass diese Masse hart wird. Und es ist das Gesetz, dass sie auf dem Hefeteig verteilt wird. Und es ist immer noch das verdammte Gesetz, dass es über Nacht noch härter wird und am nächsten Morgen kalt als Kuchen wiederkehrt. Ein Kuchen, der nicht sein darf, der nicht sein kann, nicht bei jenem göttlichen kulinarischen Wesen. Es drängt sich also die Frage auf: Wie kann ein allmächtiges, absolutes Wesen solch ein Rezept zulassen? Wie bekannt ist, gibt es drei Übel auf dieser Welt. Das malum physicum kochae, das malum morale backum und schließlich das malum metaphysicum jamie oliverum. Das erste ist das Übel der physischen Koch-welt, das Übel der Naturgesetze, beispielsweise, dass der Ver-zehr dieses Kuchens einen aufs Klo treibt, wie der Küchengott damals die Ägypter ins Meer, und dass sich die Pobacken wie die Wassermassen teilen. Das zweite ist das Übel der mora-lischen Backverfehlung, die Küchentaten des Menschen. Bei-spielsweise, wenn man seinen Mitmenschen diesen Kuchen zu einem Kaffee vorsetzt. Das dritte ist das metaphysische Übel, das Übel, welches die anderen erst ermöglicht, da es in einem ewigen absoluten Prinzip begründet liegt. Nur fragt man sich: Ist der Küchengott denn kein guter, kein leckerer Gott? Natürlich ist er das. Nur folgt in diesem Moment der Zwei-fel: Warum lässt der Küchengott dieses Böse zu, wenn er doch allmächtig und allgut ist? Die Antwort muss ganz klar lau-ten: Der Küchengott kann zwar alle möglichen Kuchen den-ken, aber doch nur den besten von ihnen wollen. Er hat den besten aller Kuchen durch seine Weisheit erkannt, durch seine Güte erwählt und durch seine Macht verwirklicht. Alle ande-ren Kuchen sind also schlechter als dieser. Wir essen den bes-ten aller möglichen Kuchen. Den Kuchen mit dem wenigsten Übel, der maximalen Glückseligkeit. Den Currywurstkuchen.

Großer Hans

Foto hochladen

Bild bewerten

3/4

Foto von jthoms

Großer Hans

Orginalrezept aus Schleswig - Holstein

Zutaten

300 g	Weißbrot, altbackenes oder Brötchen
5 EL	Zucker
$^3/_4$ Liter	Milch
5	Ei(er)
10 EL	Grieß, grober oder Reismehl
4	Würste (Kochwurst oder Mettenden)
2 EL	Butter, zerlassene
1 TL	Natron
1 Msp.	Kardamom
	Semmelbrösel für die Form

Man stellt sich unweigerlich die Frage, wo Hans, in dem Haus, in dem dieses Rezept einst entstanden ist, noch überall sein Würstchen versteckt hat. Ist man Gewinner oder Verlierer, wenn man in einem »Kuchen« aus aufgeweichtem Weißbrot,

Grieß und idiotischen Mengen an Kardamom ein Würstchen findet? Vermutlich haben, wie so oft im Leben, alle verloren. Wirklich konsequente Nachbacker nehmen hier natürlich acht Eier auf vier Würstchen. Guten Hunger!

Zubereitung

Wir alle kennen die Geschichte des kleinen Hans, oder auch »Hänschenklein«, wie ihn der totgekaute, nur noch einzelne graue Stümmel im Zahnfleisch habende Volksmund nennt. Wir wissen, dass er auszog und als großer Hans wiederkehrte, dass er von seiner Mutter am Blick erkannt und von der Familie überglücklich wiederempfangen wurde. Doch was war in der Zwischenzeit geschehen? An dieser Stelle bleibt das Kinderlied eine Leerstelle, ein blinder Fleck. Zufall? Ich glaube kaum. Hatte Hans in früheren Jahren angeheuert, war er etwa Kindersoldat geworden? Hatte er in einem Alter Blut gesehen, in dem es Kinder nicht sehen sollen, außer bei einem aufgeschürften Knie? Nahm der kleine Hans, nicht wissend, was er tat, ein kaltes Gewehr in seine schmächtigen Ärmchen, ebenfalls nicht wissend, dass dieser tödliche Lauf von Kugeln glühen würde? Wurde der kleine Kindersoldat Hans mit Drogen ruhiggestellt, Alkohol als Belohnung am Abend, Kokain vor der Schlacht? Sah er nur zu beim Rauben und Morden, oder war er ein Teil dessen, verspürte er Freude ob des Schlagens und Schändens? Wir wissen es nicht. Dennoch erklärt diese Theorie das Verhalten, das wir später am großen Hans, zu seiner Zeit in Schleswig-Holstein, erleben sollten: nämlich das grausame und heimliche Verstecken von Würstchen. Was offen bleibt, ist die Frage »Warum?«: War sein heimliches Würstchenhineingeschiebe ein Symptom einer posttraumatischen Belastungsstörung, da er erkannt hatte, zu was er gezwungen worden war? Oder aber war es nur das Weiterführen des diabolischen Spaßes, den er beim Brandschatzen empfand? Auch hier bleiben nur Fragezeichen. Dabei wissen wir alle, wie grausam es sein kann, sich bei einem Teig so viel Mühe zu geben. 300 Gramm altes Brot in einem dreiviertel Liter Milch aufzuweichen, fünf Eier aufzuschäumen, diese unter die Brot-Milch-Suppe zu heben und dem Ganzen dann fünf Esslöffel Zucker, zehn Esslöffel Gries, zwei Esslöffel Butter und einen Teelöffel Natron hinzuzugeben. Und diese Pampe dann auch noch in einer Auflaufform in einem leicht siedenden Wasserbad eineinhalb Stunden kochen zu lassen, mein Gott, diese un-end-li-che Mühe! Und diese Mühe nur, um das alles, diesen göttlichen Nektar von vier regenwaldregenwurmgroßen Mettwürsten zerstört zu wissen, die dieser Übeltäter, dieser Tunichtgut, dieser große Hans bei der großen Esslöffelhinzutuaktion heimlich in die Form geworfen hat. Na danke, Hans. Du Arschloch.

Kartoffel-Fleischwurst-Topf mit Harzer Käse

Foto von Tacho_Ronny

Kartoffel-Fleischwurst-Topf mit Harzer Käse

von mir "Ostdeutsche Carbonara" genannt

Zutaten

700 g	Kartoffel(n), vorwiegend festkochende
1 Ring/e	Fleischwurst, feine
100 g	Schweineschmalz
2	Zwiebel(n)
2 Becher	Schlagsahne
1 Rolle(n)	Harzer Käse
2 TL	Gemüsebrühe, gekörnte
	Salz und Pfeffer
$^1/_2$ Bund	Petersilie

Guten Tacho! Schon drei Tage seit der letzten Fleischwurst auf Worst of Chefkoch? Geht natürlich gar nicht, aber Fleischwurst war nicht weg, Fleischwurst hat nur Anlauf genommen, um jetzt im Beiwagen von Tacho_Ronny mit über hundert Sachen in euer Leben zu brettern. Und mit Hochgeschwindigkeit geht es auch weiter. Schnell zubereitet, schnell in den Magen, Handbremse, Kehrtwende, schnell wieder hinaus. Das kann beliebig oft wiederholt werden, da sich dabei sowohl visuell, olfaktorisch als auch geschmacklich an der »ostdeutschen Carbonara« nichts verändert. Diese Pampe kann man höchstens mit einer Mauer quer durch die Speiseröhre dazu bewegen, im Körper zu bleiben. Guten Hunger!

Zubereitung

Witzige Ampelmännchen, kleine lustige Autos, FKK-Strände und ausreichend Kitaplätze waren nur einige der Errungenschaften der ehemaligen sowjetischen Besatzungszone. Der schönen DDR, die 1989 so plötzlich zu ihrem Ende kam. Man weiß natürlich, dass es damals David Hasselhoff war, der die Mauer eigenhändig zum Einstürzen brachte. Ungeklärt war bislang allerdings, wie genau er das überhaupt schaffen konnte. In einem kürzlich aufgetauchten Tagebuch von »the Hoff« finden sich nun allerdings einige Anhaltspunkte. In einem Eintrag, der auf den Vormittag des 09. November 1989 datiert ist, beschreibt Hasselhoff die Zubereitung einer ortstypischen Speise. Er habe 700g Kartoffeln gewaschen und geschält, sie dann anschließend in einem großen Topf für 25 Minuten gekocht. Eine Fleischwurst habe er in gleich große Würfel geschnitten, außerdem zwei Zwiebeln sowie eine Rolle Harzer Käse zerhäckselt. Nun habe er die mittlerweile abgekühlten Kartoffeln ebenfalls gewürfelt und diese sodann in einer Pfanne mit 50 Gramm Schweineschmalz scharf angebraten. Ebenso sei er mit der Fleischwurst verfahren, ebenso mit den Zwiebeln. Zu guter Letzt habe er alles in einen großen Topf gegeben, Sahne, Gemüsebrühe, Petersilie und die Harzer

Rolle hinzugefügt und das Ganze aufkochen lassen. Im direkten Anschluss habe er die komplette »ostdeutsche Carbonara« verspeist. So endet der folgenschwere Tagebucheintrag, wird aber, scheinbar etwas später, durch zwei kurze Eintragungen ergänzt. Erstens berichtet Hasselhoff von einem ominösen Grummeln in der Magengegend. Zweitens findet sich der berühmte und viel zitierte Satz: »Berichten zufolge wird es einen großen Durchfall geben. Das tritt nach meiner Kenntnis … ist das sofort, unverzüglich.« Eine Arbeitsgruppe der historischen Vereinigung zur Aufarbeitung der deutschen Wende soll nun prüfen, inwiefern dieser Tagebucheintrag mit dem sogenannten »großen, stinkenden Erdbeben vom 09. November«, welches die Mauer komplett zerstörte, zusammenhängt.

Döner Auflauf

Döner Auflauf

Zutaten

4	Fladenbrot(e), dünne (Pide)
2 Pkt.	Fleisch (Dönerfleisch), TK oder frisch vom Spieß
1 Becher	Schmand mit Kräutern
1 Pck.	Käse, gerieben
3	Tomate(n), in Würfel geschnitten
etwas	Tomatenmark

Endlich mal gelungene Integration! Der muselmanische Döner im DEUTSCHEN Ofen, mit DEUTSCHEM Schmand und DEUTSCHEM Tiefkühlfleisch und schön wenig Gemüse, ganz so, wie es die DEUTSCHE Kartoffel mag. Nur die automatisch eingestellte Portionengröße von 6 Personen lässt auf eine etwas zu groß geratene Familie schließen … Was der DEUT-SCHE nicht kennt, macht ihm Angst, und dann kann er schon mal ungemütlich werden, den Ofen auf 11 drehen und sich bei einem guten alten Hassverbrechen in die eigene Jogginghose urinieren. Welch edles Wesen, dieser DEUTSCHE. In diesem Sinne: Guten Hunger!

Zubereitung

Seit dem west-östlichen Divan hat die Welt keine so umfangreiche lyrische Zusammenführung zweier Kulturen mehr erlebt wie in Form des Döner-Auflaufs. Natürlich nicht, ist diese Komposition doch selbst ein Gedicht und stammt direkt aus Goethes Nachlass. Warum diese lyrisch-kulinarische Genialität bei ihrer Ersterscheinung anno dazumal herauslektoriert wurde, das werden wir niemals verstehen. Hier aber nun das Fragment:

Hat der alte Küchenmeister
sich doch einmal wegbegeben!
Und nun soll doch sein Gekleister
auch nach meinem Willen kleben.
Sein Rezept und Werke
hab ich, auch den Bauch,
und mit Maismehlstärke
tu ich kochen auch.

Brate! Brate
zwei Pack TK,
vom Edeka
Dönerfleische
welches später, nach nem Tage,
aus dem Magen sich ergeiße.

Und nun komm, du oller Ofen!
Nimm die schlechte Auflaufform;
denn ich hunger, bin am Hoffen:
das macht satt, und zwar enorm!
Dönerfleisch muss köcheln,
nein, das wird kein Jus,
es wird hier arabisch,
drei Tomaten gibt's dazu.

Mische! Mische
jetzt mit Schande
Kräuterschmande
in den Topfe,
schon ist's fertig, kaum erbärmlich,
es wird herrlich, diese Schlotze!

Seht, das Fett trieft an den Seiten
Wahrlich! Wenn's ein Traum nur wäre!
Später aber will ich's kleiden
noch mit einer Packung Käse.
Nimm vier Fladenbrote,
lege sie rasch aus,
pack das Tier, das tote
auf den Brotteig drauf!

Staple! Staple
manche Schichten,
zu verrichten,
dies Rezepte
in den Ofen, paar Minuten,
und wir kotzen in die Ecke.

Party-Gyrosauflauf

Party - Gyrosauflauf

Zutaten

1 kg	Schweinefleisch, gewürzt, klein geschnitten (Gyros)
1 Becher	Schmand
2 Becher	Sahne
200 g	Schmelzkäse
2 Gläser	Pilze
4	Brötchen, (Aufbackbrötchen)

Foto von Lojamo2016

There ain't no party like a Party-Gyrosauflaufparty, 'cause a Party-Gyrosauflaufparty never stops. Der Party-Gyrosauflaufpartyzug fährt von morgens bis abends und nur in eine Richtung: von der Küche zum Klo. Schmand, Sahne, Schmelzkäse, auch bekannt als »die drei großen S«, sorgen dabei dafür, dass sich der Toilettengang auch richtig lohnt. Ach so, falls ihr euch wegen der Brötchen wundert: »Die […] saugen die Soße auf«. Wer es schafft, in eines der fetttriefenden Aufbackbrötchen zu beißen, ohne dass der gute alte Magengeysir eruptiert, wird Party-Gyrosauflaufkönig*in und bekommt als Krone ein halbes Brötchen auf den Kopf. Guten Hunger!

Zubereitung

Der Party-Gyrosauflauf heißt nicht etwa Party-Gyrosauflauf, weil man ihn für eine Party zubereiten soll, nein. Der Party-Gyrosauflauf heißt Party-Gyrosauflauf, weil die Zubereitung selber eine gigantische Party ist. Laden Sie also 1 kg Gyros, einen Becher Schmand, zwei Becher Sahne, 200 g Schmelzkäse, zwei Gläser Pilze und vier Aufbackbrötchen zu sich nach Hause ein. Bitten Sie Ihre neuen Freunde höflich herein (Schuhe aus!) und starten Sie mit einem lustigen Kennlernspiel. Jeder erzählt von seiner größten Angst, das löst die Spannung enorm. Doch was passiert? Alle Gäste teilen die eine große Angst, unkontrolliert mit den anderen Gästen vermischt und zu einem ekelhaften, fettigen Auflauf gebacken zu werden. Schnell das Thema wechseln und die Sektgläser auffüllen, bevor Panik ausbricht. Sekt, Sekt, mehr Sekt. Dann ein frecher Cocktail, selbst gemischt, der knistert enorm in der Rüstung. Die Ersten schlafen ein, der Plan funktioniert! Sie sammeln Ihre bewusstlosen Gäste auf, braten das Gyros scharf an, vermischen alles miteinander. Nun über Nacht in den Kühlschrank gesperrt, perfekt. Morgen dann, morgen, wenn Ihre ahnungslosen Gäste langsam und verkatert wieder zu sich kommen, werden sie gebacken. Oh ja. Rein in den Ofen für 40 Minuten, dann dem Ganzen noch die Krone und dem Gyros-Sahne-Schmelzkäse-Gemisch die halben Brötchen aufsetzen. Noch mal zehn Minuten in den Ofen. Eine tolle Party, wirklich! Sie sollten sich was schämen!

Kloßteig-Hackfleisch Auflauf

Kloßteig-Hackfleisch Auflauf

geht schnell und ist sehr lecker

Zutaten

1 Pck.	Teig (Kloß-), fertiger
500 g	Hackfleisch, gemischtes
n. B.	Fett, zum Braten
4 EL	Gewürzmischung, für Hackfleisch
2 große	Zwiebel(n)
1 Becher	Schmand
1	Ei(er)
200 g	Käse, geriebener
	Salz und Pfeffer
1 TL, gehäuft	Margarine, für die Form

»Geht schnell und ist sehr lecker« heißt es so schön im Rezept. Was gibt es dazu noch zu sagen? Ein Gericht, das nur aus Teig und Hack besteht, muss schmecken, Fett ist ja Geschmacksträger, und anscheinend gibt es hier einiges zu tragen für unseren

Cholesterinmuskelprotz. An dieser Stelle auch Entwarnung für alle, die sich bei dem Wort »Margarine« erschrocken haben. Die ist explizit nur »für die Form«. Guten Hunger!

Zubereitung

Sie erledigen Dinge gern schnell, und Sie essen gern sehr lecker? Wow, wie individuell kann man sein, ich glaube es nicht! Ziehen Sie nach dieser unfassbaren Selbsterkenntnis zunächst einmal Ihre Nike-Sneaker an und suchen Sie den nächsten Rewe auf. Achten Sie während Ihres Einkaufs aber unbedingt darauf, dass Ihre Tattoos auf dem Oberarm – »Live. Laugh. Love« in einer geschwungen Schrift und darunter Ihr eigenes Geburtsdatum, beides haben Sie sich damals in Australien stechen lassen – stets gut zu sehen sind. Laufen Sie achtlos am Gemüse vorbei, und obwohl Sie sonst ein großer Bio-Avocado-Fan sind (»Avocado ist einfach die Butter der Natur!«), lassen Sie diese heute einmal umsonst mehrere tausend Kilometer in Ihre Stadt eingeflogen sein, und gehen Sie einfach unbeirrt weiter. Hören Sie währenddessen gerne sehr individuelle Musik wie Philipp Poisel, Max Giesinger oder Julia Engelmann, irgendetwas, das Sie darin bestätigt, dass Sie nicht wie die anderen sind, dass Sie mit Ihren Erfahrungen von Liebe und Trennung, Verlust und Abschied vollkommen allein, fast schon auserwählt sind. Kaufen Sie nun ein Ei, einen Becher Schmand, eine Gewürzmischung für Hack, eine Packung Reibekäse, zwei Zwiebeln, irgendeine beliebige Form von Fett, eine Packung Margarine (Achtung! Gesundheitsbewusst!), 500 Gramm Hackfleisch sowie eine Packung Kloßteig. Was für einzigartige Zutaten das sind, Sie Schlingelchen! Wie läuft es übrigens mit Ihrem Medien-Studiengang? Ach, das klären wir lieber später. Bezahlen Sie nun Ihren Einkauf und freuen Sie sich über das Kompliment, das Sie von der/dem Kassierer*in für Ihr abgetragenes Nirvana-Shirt erhalten haben. Murmeln Sie als Dank etwas wie »Ja, danke schön, mein Lieblingslied von denen ist ja ›Small like Teamspirit‹« und gehen Sie nach Hause. Dort angekommen begrüßen Sie Ihre Mitbewohner*innen und holen sich eine Mate aus dem Kühlschrank. Jetzt sind Sie wach und können endlich loskochen. Seien Sie auch hier einfallsreich, machen Sie die Dinge anders, thinken Sie outside der Box! Vermischen Sie zunächst den Kloßteig mit dem kompletten Becher Schmand und dem Ei. Innovation! Braten Sie dann das Hackfleisch zusammen mit den Zwiebeln in etwas Fett an. Wow! Fetten Sie die Auflaufform mit Margarine ein und legen Sie den Kloßteig in der Form aus. Sie machen das toll! Verteilen Sie die Hack-Zwiebel-Mische auf dem Teig und decken Sie dies alles mit der kompletten Packung Käse zu. Hier Ihre Teilnahmeurkunde! Jetzt in den 175-Grad-Ofen damit, zuerst 30 Minuten mit Alufolie abgedeckt, dann 20 Minuten ohne, als Nackidei-Auflauf sozusagen, crazy, auf was Sie alles kommen. Jetzt heraus damit und lecker essen. Probieren Sie, achten Sie aber auch darauf, dass sich nichts vom Essen in Ihrem Septum-Piercing verfängt. Ist das der Moment, in dem Sie bemerken, dass das nicht wirklich gut schmeckt, oder kommt der erst nach dem zweiten Bissen? Haben Sie nun die Erkenntnis, dass es so etwas wie wirkliche Individualität nicht gibt und dass anders nicht immer schnell und lecker, sondern auch ein bisschen kacke sein kann?

Nufleika

2/2 Foto von Wursstulle

Nufleika-Toast

Nutella-Fleischwurst-Käsetoast

Zutaten

2 Scheibe/n	Toastbrot
8 Scheibe/n	Fleischwurst
2 Scheibe/n	Käse, (Scheiblettenkäse)
n. B.	Nutella

Königsdisziplin Katerfrühstück. Der Kopf klappert, die kalten Kippen kitzeln in der Kehle noch, die Kotze kommt. Kaputte Krieger kriechen in die karge Küche, kochen kann keiner. Käse klingelt. Nufleika!

Fleischwurst, oh Fleischige, formschön, fest und flauschig. Fülle unsere fiebrig-fragilen Feinschmeckerkörper, frierend feinrippbehängt. Wir fressen friedlich, wir fressen frei. Nufleika!

Nun Nutella, nussiger Nougat, nahrungsähnlich. Niemand nimmt deine Nähe, niemand nennt dich nieder. Neumodische Nusspasten nebst dir nicht nennenswert. Nufleika!

Nutella-Fleischwurst-Käsetoast. Nufleika! Nun friert keiner. Nufleika! Natürlich Flatulenz kommt. Nufleika! Nicht fragen, kauen! Nufleika!

Zubereitung

Da das Rezept doch relativ kompliziert ist, empfiehlt es sich, dieses hervorragende Katerfrühstück bereits am Abend vor dem Kater zuzubereiten. Toasten Sie also zwei Scheiben Toastbrot. Dafür bestellen Sie sich online einen Toaster, oder Sie leihen sich den vom Pärchen nebenan. Stellen Sie sicher, dass Sie noch ausreichend Strom in der Steckdose haben, und stecken Sie den Toaster dann in die Steckdose. Das geht am leichtesten mit dem kleineren Ende von dem Kabel, an dem sich der sogenannte Stecker befindet. Werfen Sie die beiden Toastscheiben lässig in die dafür vorgesehenen Schlitze und starten Sie den Toaster. Legen Sie den ersten Gang ein und lassen Sie die Kupplung vorsichtig kommen, sonst kann es passieren, dass Sie den Toaster abwürgen. Ist der Toast knusprig, entnehmen Sie ihn vorsichtig (Stichwort HEIß!) aus dem Toaster. Lassen Sie den Toast abkühlen. Montieren Sie jetzt die anderen Zutaten so auf dem Toast, dass sie am Ende so angeordnet sind, dass, wenn die Zutaten die Bremer Stadtmusikanten wären, der Toast der Esel, die Nutella der Hund, die Fleischwurst die Katze und der Käse der Hahn wäre. Platzieren Sie die belegten Toasts in Ihrem Ofen oder Ihrer Mikrowelle, aber schalten Sie diese unter keinen Umständen an! Das kommt erst morgen, für heute haben Sie wirklich genug getan. Gehen Sie raus, leben Sie. Schlagen Sie sich die Nacht um die Ohren, als gäb es kein Morgen mehr. Dabei gibt es doch immer ein Morgen, Sie Dummkopf. Sie haben doch gerade eben sogar das Frühstück dafür vorbereitet. Sogar so weit, dass Sie morgen früh nur noch geschickt gegen den Knopf des Ofens oder der Mikrowelle fallen müssen, damit der Käse die Möglichkeit bekommt zu zerlaufen. Gut gemacht. Lassen Sie es sich schmecken, sagen Sie aber unbedingt vor dem Genuss das Nufleika-Gedicht auf.

Nachtisch

Weincreme aus der Mikrowelle

Weincreme aus der Mikrowelle

Zutaten

750 ml	Wein, weiß
250 ml	Wasser
4	Ei(er)
200 g	Zucker
1 Pck.	Puddingpulver (Vanille)

Foto von Bellaundsnupy

Heiliges Kanonenrohr! Wenn sich dieses Rezept nicht Fun-Fun-Fun ins Gesicht tätowiert hat, dann weiß ich auch nicht! Zucker, der macht auf jeden Fall Spaß. Alkohol macht spaßer (hehe, das Wort gibt's doch gar nicht! Hat da schon wieder jemand fünf Liter Weincreme gelöffelt?)! Und die Mikrowelle ist doch auch nur die weltkleinste und vielleicht langweiligste Achterbahn der Welt. Aber halt für Essen. Und dann geht da auch noch ein Licht an und macht lustig Bing!, wenn es fertig ist! Fun. Wirklich einfach Fun. Guten Hunger!

Zubereitung

Liegen Sie nachts oft wach, hinterfragen Ihr gesamtes Leben und hören die Stimmen Ihrer Eltern, die in den dunklen Ecken Ihres Kopfes hocken und wispern: »Du bist ein Versager«? Sie wollten eigentlich ein ernst genommener und vom Feuilleton gefeierter Schriftsteller werden, machen jetzt aber aus einem dummen Zufall heraus den Foodblog des Jahres 2017? Heißen Sie Lukas Diestel oder Jonathan Löffelbein? Dann finden Sie hier das perfekte Rezept, um Ihrem traurigen Leben zu entfliehen, die kurze Fantasie von Erfolg zu leben und endlich all die inneren Schmerzen zu vergessen! Die Weincreme aus der Mikrowelle! Das Rezept für alle, die gerne reich, berühmt und adelig wären, es aber so was von überhaupt nicht sind. Kippen Sie dazu absolut ehrenlos 750 ml Weißwein (gerne den aus dem Tetrapack) und 250 ml Wasser (gerne das aus der Regentonne) in einen Mikrowellentopf. 4 Eier, 200 g Zucker und 1 Packung Vanillepuddingpulver gut zusammenmatschen und in das Schörlchen für Arme einrühren. Dieses Gemisch mit einem adlig gehauchten »Köstlich, wahrhaft köstlich!« für 10 Minuten bei 600 Watt in die magische Drehscheibe namens Mikrowelle geben und alle 3 Minuten umrühren. Während die dampfende Masse der Illusion nun abkühlt, quetschen Sie sich in Ihren Erstkommunionsanzug und klemmen Sie ein Monokel in Ihr vor Selbstzweifel zuckendes Auge. Die Weincreme ist nun auf eine akzeptable Raumtemperatur heruntergekühlt, und Sie können loslöffeln. Imaginieren Sie dabei lebhaft eine Teeparty mit Ihren wirklich total realen und total bourgeoisen Freunden Margarethe und Ferdinand von Schelling. Murmeln Sie am Essenstisch Phrasen wie »In der Tat, wahrhaftig ein Gaumenschmaus!«, »Lecker sagen nur die

Prolls!«, »Haben Sie schon den neuen Porsche eingefahren?«, »Also wie toll der Christian wieder auf den Wahlplakaten aussah!«, »Der Mindestlohn zerstört ja einfach den Wettbewerb!« und andere Slogans an der Grenze zur Geschmacks- und Mitgefühlslosigkeit.

Nachdem Sie diese Alkoholgrütze inhaliert haben, können Sie – ganz sachte aber – damit loslegen, wieder in der Wirklichkeit anzukommen. Betrachten Sie die schimmelnde Zimmerdecke, unter der Sie, gleich einer Ratte, hausen. Denken Sie an all die Literaturwettbewerbe, die Sie in Ihrem jungen Leben schon verloren haben. Erinnern Sie sich daran, was für ein herrlich authentisches Gericht der obersten Arbeiterklasse Sie gerade gegessen haben. Wasser, Wein und Puddingpulver, verdammt! Jetzt können Sie ungehemmt die Schleusen öffnen, Rotz und Wasser flennen, als wäre Ihr Hund Fido ein zweites Mal gestorben. Legen Sie sich ins Bett, versuchen Sie zu schlafen und sich selbst mit den nichtssagenden Worten »Diese Trauer, die benutz ich zum Schreiben …« zu trösten.

Leckeres Low Carb Quark-Dessert

2/4 Foto von Babe_9

Leckeres Low Carb Quark-Dessert

ideal für den Süßhunger bei Atkins - oder Dukandiät

Zutaten

1 Pck.	Magerquark	
2 EL	Wasser	
2 EL	Kakaopulver, entölt und ungezuckert	
2 TL	Süßstoff, flüssig, nach Bedarf weniger	
	Rumaroma, oder Vanillearoma oder Orangenaroma, flüssig, ohne Zucker	

Wenn ein Rezept im Titel schon als »lecker« bezeichnet wird, ist meistens Vorsicht geboten. »Das Ganze ist mehr als die Summe seiner Teile«, hat Aristoteles mal gesagt. Ob das allerdings auch für eine Mischung aus Magerquark, ungesüßtem Kakaopulver und Süßstoff gilt, ist nicht überliefert. Fun Fact: Bei dem Bild handelt es sich um eine Illusion, ähnlich der Ente-Hase-Illusion. Manche Leute sehen auf dem Bild einen Teller, andere eine Kloschüssel. Guten Hunger!

Zubereitung

Ernst Lachlawine saß in seinem abgedunkelten Zimmer und grübelte. Seine Stirn zeigte tiefe Furchen, fast schon Hautwellen, die jeden übergewichtigen Doppelkinnmops neidisch gemacht hätten. Und er dachte. Und dachte. Warum lachten die Leute so viel? Erst neulich hatte er in einem Kaffeeladen gefragt: »Entschuldigung, haben Sie eine Latte?«, und alle Menschen dort waren in Gelächter ausgebrochen. Und auch, als er im Musikladen einen »extrem stabilen, möglichst dicken Ständer« verlangt hatte, war die Antwort des Thekenheinis nur Lachen gewesen. Das konnte so nicht weitergehen. Den Leuten ging es einfach viel zu gut, es gab zu viel Spaß auf der Welt. Wie konnte er das ändern? Hm … klar, er könnte Professor für Germanistik werden und alle mit seinen Vorträgen in den Tod langweilen. Aber das war zu viel Aufwand und würde außerdem viel zu schlecht bezahlt werden. Er könnte in die Politik gehen und wirklich alles so lange zerreden, bis es inhaltsleer wurde. Aber nein, das war selbst ihm zu billig. Er hatte noch Ansprüche! Um sich abzulenken und da es sein Darm so verlangte, ging er auf die Toilette und presste eine braune Creme aus sich heraus. Als er sein Werk betrachtete, kam ihm eine Idee. Natürlich! Er musste klein anfangen: nämlich beim Nachtischklassiker schlechthin, der Schokoladencreme. Schon die machte zu viel Spaß, zu viel gute Laune! Wie konnte er also den Spaß aus Schokoladencreme verbannen? Die Zubereitung selbst musste komplett langweilig sein, klar. Und der Zucker musste weg. Und die Creme musste am besten nur aus Zutaten bestehen, die jedem Gähntränen in die Augen trieben. Er entschied sich für eine Packung Magerquark, das objektiv langweiligste Milchprodukt der Welt. Dazu zwei Esslöffel Wasser, was ja in Wahrheit nur geschmackloser Saft war. Dann noch zwei Teelöffel Süßstoff und Vanille-Aroma, beides Chemie, und wie langweilig war bitte schön Chemie?! »Uhhh, schaut mich an, ich bin eine endotherme Reaktion, pff…« Und Vanille, die durchschnittlichste Geschmacksrichtung der Welt. Getoppt natürlich noch durch fettarmes Kakaopulver, alles miteinander vermischen und fertig! Niemals würde jemand Spaß an diesem Nachtisch haben! Jetzt lachte Ernst ob seines Plans und sah darin nicht einmal Ironie. Am nächsten Tag wollte er seine Erfindung testen, fuhr zu einem Spielplatz und wurde unmittelbar festgenommen, da er als Fremder versuchte, Süßigkeiten an Kinder zu verteilen.

Beschwipster Super-Dickmann

Beschwipster Super-Dickmann

Schokokuss mit Eierlikör

Zutaten

1 großer	Schokoküsse
1 Schuss	Eierlikör

Manchmal muss es eben einfach schnell gehen. Super-Dick-mann für ein paar Sekunden bei 600 W in die Mikrowelle, Eierlikör drüber und ab dafür. Bei Bedarf kann der Super-Dickmann auch einfach weggelassen oder durch mehr Eierlikör ersetzt werden. Nebenwirkungen, wie so häufig hier bei Worst of Chefkoch: Selbsthass und Diabetes. Guten Hunger!

Zubereitung

Im besten Fall hatte man ihn belächelt, im schlimmsten Fall ausgelacht, beworfen, verscheucht. »Komm wieder, wenn du nüchtern bist« war noch eine der netteren Sachen, die sie ihm hinterhergerufen hatten. Eine Weile hatte er sich eingeredet, es würde ihm nichts ausmachen, war weiterhin mit auf die Missionen gekommen, hatte, so gut er eben konnte, die Verbrecher bekämpft. Doch die Einsätze wurden weniger und weniger, und bald plagte ihn das Gefühl, er wurde nur noch bei kleineren Delikten kontaktiert. Eine Katze im Baum, eine verloren gegangene Handtasche. Spätestens als er selbst Zeuge des bewaffneten Raubüberfalls auf die Tankstelle am Ortseingang wurde und sein Handy trotzdem stumm blieb, war klar: Die wirklich gefährlichen Aufträge machte die selbst ernannte Hero Squad mittlerweile ohne ihn. Also hängte Beschwipster Super-Dickmann schweren Herzens sein weiß-gelbes Kostüm an den Nagel und beendete seine Superheldenkarriere. Er konzentrierte sich auf seinen Tagesjob als Bademeister und ertränkte seinen Frust am Feierabend in Eierlikör. Stundenlang saß er dann an seinem Küchentisch und durchsuchte die örtliche Zeitung nach ungelösten Kriminalfällen. Wenn er einen fand, schnitt er ihn sorgfältig aus, auf seinem Gesicht ein verbittertes Lächeln. Er stellte sich vor, wie der Fall mit seiner Hilfe sicher hätte gelöst werden können, und klebte den Zeitungsschnipsel in ein eigens dafür angelegtes Heft. Er schlief unruhig, träumte Eierlikörträume von Legionen Verbrechern, die er allesamt eigenhändig hinter Gitter brachte. Nicht selten kam es vor, dass er dann, mitten in der Nacht, aufschreckte und an Ort und Stelle beschloss, seine Superheldenpersona wiederzubeleben. Dann stolperte er jedes Mal zu seinem Kostüm, riss es von der Wand, verhedderte sich beim Versuch des Anziehens gnadenlos, verlor das Gleichgewicht und krachte schließlich auf den Boden, wo er wieder einschlief. Am nächsten Morgen blieb ihm nichts anderes übrig, als beschämt das Kostüm, in das er betrunken nur halb hineingekommen war, wieder auszuziehen und es zurück an die Wand zu hängen. Nein, Beschwipster Super-Dickmann war wahrlich kein Vorzeigeheld, aber doch trotzdem ein Held. Irgendwie. So halb. Na ja, lassen wir das.

Tausend-Augen-Kuchen

Tausend - Augen - Kuchen

Zutaten

	Für den Teig:
125 g	Butter oder Margarine, weiche
125 g	Zucker
1 Prise(n)	Salz
4 Tropfen	Zitrone(n) - Aroma
3 m.-große	Ei(er)
150 g	Mehl
2 TL	Backpulver
50 g	Mandel(n), abgezogene, gemahlene
	Für den Belag:
400 g	Schlagsahne, gekühlte
2 Pck.	Vanillezucker

Wenn ich wollen würde, dass meine Kinder Serienkiller werden, dann würde ich ihnen diesen Kuchen zum Geburtstag schenken. Nicht nur blicken die Opfer sie hoffnungslos von unten an, nein, gleichzeitig bibbert jedes Auge dieser zum Verzehr verdammten Erdbeerchen ein schwaches »Töte mich …« in die Welt. Und überhaupt erinnert der Name »Tausend-Augen-Kuchen« doch mehr an ein Geschöpf von Lovecraft als an einen Kindergeburtstag. In diesem Sinne: Ph'nglui mglw'nafh Erdbeerkuchen R'lyeh wgah'nagl fhtagn. Guten Hunger!

Zubereitung

Überall wird man heutzutage verarscht. In den Chipstüten ist mehr Luft als Inhalt, die Straßenbahn fährt nicht nach Plan und was nicht alles. Selbst bei diesem harmlosen Rezept versteckt sich bei genauerem Hinsehen nichts als Betrug. Tausend-Augen-Kuchen? Zählen Sie mal nach. Auf dem Bild lächerliche 42 Augen. Das letzte Mal, dass ich das überprüft habe, waren 42 weniger als 1000. Deutlich weniger. Zum Glück gibt es aufrichtige Leute wie mich, die warnen und richtigstellen, wo sie nur können. Für einen richtigen Tausend-Augen-Kuchen gehen Sie also wie folgt vor: Verrühren Sie 3 kg weiche Butter mit 3kg Zucker, 24 Prisen Salz, 96 Tropfen Zitronenaroma und 72 Eier, bis eine geschmeidige Masse entsteht. Nun rühren Sie noch 3,6kg Mehl und 28 TL Backpulver unter. Noch 1,2kg gemahlene Mandeln unterheben, und ab in Ihren hoffentlich riesigen Backofen, 30 Minuten bei 180 Grad. Für den Belag benötigen Sie nun noch 9,6kg Schlagsahne, 48 Packungen Vanillezucker und 24 Packungen Sahnesteif. Alles zusammen steif schlagen (he he) und auf den fertig gebackenen Teig streichen. Nun 6kg Erdbeeren hinein und mit Zuckerguss und Kuvertüre 1000 Augen auf die Erdbeeren malen. Toll. Falls Ihnen auch ein 42-Augen-Kuchen genügen sollte, wovon ich nicht ausgehe, können Sie einfach alle angegebenen Zutaten durch 24 teilen. Dann kann es allerdings vorkommen, dass Ihr Kind Sie für eine/n Versager/in hält. Obwohl, vielleicht ist das auch ohnehin der Fall, wer weiß das schon so genau.

Süßer Tomatenpudding à la Didi

Süßer Tomatenpudding à la Didi

Zutaten

250 ml	Tomaten, passierte
1 Spritzer	Zitronensaft
1 EL	Zucker
30 g	Stärkemehl

Wie Didi hier einfach schamlos »à la Didi« benutzt, als wäre der süße Tomatenpudding ein allseits beliebter Klassiker, den er einfach nur neu interpretieren würde. Fakt ist, sucht man bei Chefkoch nach Tomatenpudding, kommt nur Didis »Rezept« und sonst gar nichts. Und wen wundert's? Ein Essen, das wie eine Nachgeburt aussieht, kriegt man auch mit einer kongenialen Garnieridee, dem einzelnen Stück Würfelzucker, nicht gerettet. Dieser rote Tomatenalbtraum hat genau eine Bewertung, und damit 3,33 Sterne. Wahrscheinlich wollte sich Didi eigentlich selbst 5 Sterne kredenzen, ist dann aber auf der Zielgeraden noch einsichtig geworden. Sind zwar so immer noch 3,33 Sterne zu viel, aber man kann nicht alles haben. Guten Hunger!

Zubereitung

»Oh, hi, was machst du denn hier? Ja, ganz gut, und selbst? Ach, ich schreib hier so ein Kochbuch, ist aber nicht ganz ernst gemeint. Ne, das soll so witzig sein. Manche Leute halt, manche finden's auch scheiße, aber macht ja nichts. Aber jetzt sag doch mal, was machst du denn hier? Wie bitte? Du willst den süßen Tomatenpudding echt machen und willst wissen, wie? Ist nicht dein Ernst, oder? Echt? Wirklich, wirklich echt? Äh, okay, aber ganz ehrlich, ich weiß es selber nicht. Kann's dir deswegen leider auch nicht sagen. Sorry. Ne, ja, schon, ich wollte es eigentlich gerade hier hinschreiben, aber jetzt ist es mir irgendwie entfallen. Ganz ehrlich, bitte lass es einfach. Warum willst du dich unglücklich machen? Denk doch mal an die anderen! Okay, aber echt nur, wenn du mir versprichst, dass du den nur für dich allein machst und niemand anders davon probieren muss. Das ist mein voller Ernst! Ja, es kann mir an sich auch egal sein, aber ich hab das Gefühl, ich mach mich mitschuldig, wenn ich dir das jetzt sage. Ja, weil du halt gerade denkst, so schlimm kann es nicht sein, aber es ist halt wirklich so schlimm, und dann bist du enttäuscht und machst mich dafür verantwortlich. Weil ich dich kenne, deswegen. Ich möchte es dir nicht sagen, ganz einfach. Nein. Nein, lass mich. Das ist zu deinem Schutz. Ja, natürlich ist das bevormundend, aber in dem Fall auch gerechtfertigt. Ja, okay, bitte, dann mach, aber sag nicht, ich hätte dich nicht gewarnt. Ja, wirst du auch selber sehen. Nein, ist nicht schwierig. Man muss einfach 50 ml passierte Tomaten mit 30 g Stärkemehl, einem Esslöffel Zucker und einem Spritzer Zitronensaft mischen. Die restlichen 200 ml Tomaten kocht man kurz auf, kippt dann die Mischung vom Anfang dazu und lässt es noch mal aufkochen. Dann in Förmchen geben, 6 Stunden erkalten lassen (bitte hinterfrage in der Zeit einfach mal alle Lebensentscheidungen, die dich zu diesem Punkt geführt haben) und stürzen. Ja, ich hab doch gesagt, dass es nicht schwierig ist. Ja, viel Spaß und heul nachher nicht rum … JA HAB ICH DOCH DIE GANZE ZEIT GESAGT! Mann, ey! Es sind einfach passierte Tomaten mit Zucker und Stärke, natürlich ist das unterwältigend. Nein, ich möchte nicht probieren. Die Scheiße kannst du schön alleine aufessen!«

Handkäse-Eis mit Feigensenf

Foto von kleemy

Handkäse-Eis mit Feigensenf

Eis mit Harzer Roller

Zutaten

400 g	Sahne
100 ml	Milch
1	Vollei
4	Eigelb
120 g	Zucker
40 g	Harzer Käse (Harzer Roller), ohne Kümmel, gewürfelt
2 EL	Feigensenf

Wie geil bist du denn? Wie oft muss deine Bank dich anrufen (»Meister, das Konto ist schon wieder voll«), wie viele Flaschen Champagner aufs Haus musst du bekommen, wie sehr müssen dich deine Mitmenschen wirklich lieben? Kurz gesagt, wie hart Links-rechts-Finte-am-Pech-vorbei-hinein-ins-Glück-weiß-cis-männlich-krass-lässig muss dein Leben sein, damit du dich eines schönen Tages entscheidest, 40g Harzermof'cking Miefrolle in dein Eis zu schnippeln? Geht's noch? HALLO? Ich hab auch schon mal nen ganzen Fuß in den Mund genommen, aber das ist noch lange kein Grund, das Konzept Speiseeis KOMPLETT zu ruinieren! Dieser »Scheiß auf alles einfach«-Mindset von diesem Rezept, unnormal. Die Zutatenliste liest sich wie ein Reisebericht gone wrong aus Bali, am Anfang alles schön Palmen und Strand, und auf einmal wird jemandem in einem Hinterzimmer für'n Zwanni das Arschloch gebleached. Guten Hunger!

Zubereitung

Es ist ganz leicht. Sie geben alle Zutaten, bis auf den Feigensenf, in eine Schlagschüssel und schlagen sie über einem Wasserbad auf. Dann zur Rose abziehen. Ja, wo kommt das denn her? Kulinarischer Fachjargon wird hier auf ON gestellt, bei so einem Rezept der Haute Cuisine. Falls Sie da keinen Bock drauf haben sollten, können Sie alternativ auch die Zutaten Zutaten sein lassen, mit dem Kopf in Ihrem Bad aufschlagen und zur Nase abziehen. Macht garantiert bessere Laune als ein Eis, das nach Füßen riecht und schmeckt. Aber gut, lernen wir eben kurz was: Wasser im Topf zum Kochen bringen, dann die ganze Pampe in einer Schüssel über dem Wasserbad mixen. Wenn das Zeug cremig genug ist, ist es gut. Dann im Eiswasser wieder kalt rühren und ab in die Eismaschine. Aber tun Sie sich doch einen Gefallen und machen Sie das einfach mit Zutaten, bei denen es am Ende auch schmeckt. Normales Eis einfach. Irgendwas. Schoko, Erdbeere, Minze, whatever. Nicht Harzer Käse. Alles, nur nicht Harzer Käse. Ich bitte Sie. Ich flehe Sie an. NICHT HARZER KÄSE!!

Für die Kleinen

Hackbraten-Blätterteig Krokodil

25/26 Foto von hobbyköchin4

Hackbraten - Blätterteig Krokodil

Kann man super mit Kindern machen, ein Spass für die ganze Familie.

Zutaten

1 kg	Gehacktes, halb und halb
3	Ei(er)
200 g	Käse, gerieben, z. B. Gouda
	Salz und Pfeffer
3 EL	Milch
	Kräuter, mediterrane, oder Pizzagewürz
200 g	Frischkäse
1 Tube/n	Tomatenmark
1	Brötchen, altbacken
8 Platte/n	Blätterteig
1	Zwiebel(n), gehackt
	Zum Verzieren:

An diesem Rezept ist einiges falsch. Natürlich sind da die 8 Blätterteigplatten und das notorische Kilo Hack zu erwähnen. Vor allem aber wurde hier die eindeutige Chance vertan, diese Kreation schlicht und einfach »das Hackodil« zu taufen. Andererseits vielleicht aber auch gut, denn dieses Wesen sieht so aus, als wäre jeder Tag eine Qual und seine Existenz ein Witz. Damit ist das Hackodil das menschlichste Gericht, das ich kenne. Mein Gott, wenn vor 12 Jahren das Krokodil im Video zum Kinderlied »Schni-Schna-Schnappi« so ausgesehen hätte, hätte es »Ki-Ka-Kacki« geheißen und nicht gesungen, sondern ein undeutliches »Tööötet mich« gegurgelt. Eben was für nen Kindergeburtstag. Guten Hunger!

Zubereitung

Sie sind ein Gott! Das haben Sie schon immer gewusst, und jetzt werden Sie es allen zeigen! Dem Arschloch aus der zehnten Klasse, der immer Ihr Pausengeld gemopst hat! Der Katze von gegenüber, die immer in Ihre Regenrinne kackt! Ihrer Mutter: Nein, Mutter, ich war kein Unfall! Schreien Sie es heraus, KEIN UNFALL!

Wagen Sie sich an Ihr erstes Werk, Ihre erste Kreatur, Ihr erstes Geschöpf. Sie sind ein Genie, aus der nie versiegenden Wucht der Vorstellungskraft erschaffen Sie Neues! Oh, Fantasie, göttliche Kraft, leite diese Hände, leite den Verstand zur Schöpfung!

Kaufen Sie sich dazu zunächst Fertigblätterteig. Legen Sie den aus, bestreichen Sie ihn mit einem No-Name-Frischkäse Ihrer Wahl, den Sie letzte Woche in einem Discounter gekauft haben, mischen Sie Hack mit Brot und Ei, legen Sie es drauf und jetzt – falten Sie!

Legen Sie schon los, werfen Sie Blätterteigplatten übereinander, formen Sie Beulen, schon spüren Sie Ihre Hände nicht mehr ob der Geschwindigkeit, des Rausches Ihrer Kreation, Ihrer eigenen gefühlten Wirksamkeit! Wie Sie Leben einhauchen, wie Sie zerstören! Wie dieses Wesen, das dort, vor Ihnen, aus Hack und Teig bestehend, ungeahnte Formen annimmt! Nein, was Sie zeugen, das hat kein Vorbild in dieser schwächlichen Abglanzwelt, es ist neu, unbekannt, ein Original, in seiner Perfektion ein ausgestreckter Mittelfinger in Gottes Gesicht!

Oh. Ist doch nur ein Krokodil geworden? Na ja. Ist schon okay, irgendwo. Hey, hey … Nicht traurig sein. Na kommen Sie. Erst mal ein bisschen mit Milch-Ei-Mische bepinseln, und schon ist es ein bisschen besser. Ja. Na also. Gott hat die Welt auch nicht in sieben Ta- Oh. Entschuldigung.

Schieben Sie es jetzt bei 180 bis 200 Grad für circa 45 Minuten in die Ofenhölle, dann ziehen Sie es wieder heraus.

Und jetzt: Schauen Sie dieses Krokodil, Ihr Eigen, Ihren Adam an. Hm, ja, gut, war wohl irgendwie nichts. Sie meinen einen geröchelten Todeswunsch aus dem Rachen des Hackodils aufsteigen zu hören. Alles ist egal. Das Tier ist wie Sie. Ein Unfall. Sie packen das Biest, schubsen es in den Mülleimer, legen sich ins Bett, ziehen sich die Bettdecke über den Kopf und weinen sich jetzt ganz entspannt in Embryonalhaltung in den Schlaf. Sie haben es sich verdient.

Pikante Gesichter

Pikante Gesichter

ideal für Halloween, Kindergeburtstage oder um gute Laune zu verbreiten

Zutaten

1 Pck.	Blätterteig, TK
1	Ei(er)
250 g	Hackfleisch, gemischt
$^1/_4$	Zwiebel(n)
3 EL	Ketchup, mild
1 Prise(n)	Salz
1 Prise(n)	Paprikapulver

Halloween ist wirklich die einzige Rechtfertigung, um mit so was »gute Laune« verbreiten zu wollen. Obwohl die Kinder, sollten diese »pikanten Gesichter« auf den Teller schlittern, wohl eher in Angst als in Freude aufschreien werden. Andererseits: Einfach ein Loch durch den verbrannten Teig tackern, ein Band durchziehen, und fertig ist die schreckliche Maske des Grauens. Da wird das Wort »Hackfleischfresse« von einer Beleidigung zur Tatsache. So ein Gesicht kann nur ein Chefkoch lieben. Guten Hunger!

Zubereitung

»Kommt her, ihr kleinen Kinder, setzt euch zu meinen Füßen nieder und lauscht dieser schaurig-schönen Geschichte …«

»Aber wir kennen Sie gar nicht. Mama sagt immer, man soll Fremden nicht zuhören.«

»Auch dann nicht, wenn man Süßigkeiten dabeihat?«

»Mama sagt immer, Süßigkeiten sind ein Opiatersatz des kapitalistischen Systems, um uns pseudogesund, aber auch ausgeglichen zu halten, damit wir im Sinne der Selbstoptimierung zu unseren eigenen prekären Ausbeutern werden.«

»Wie alt bist du?«

»Sechs.«

»Ach. Okay. Hier also nun die Geschichte. Es war der Abend des Kindergeburtstags, und Mama war in der Küche zuge-«

»Das ist ziemlich sexistisch, wissen Sie das?«

»Oh. Na schön. Ähm … Papa war in der Kü-«

»Sind alle Ihre Geschichten so heteronormativ?«

»Na schön! NIEMAND war in der Küche, zufrieden? Gut? Dann mach ich jetzt weiter. Es war der Abend des Kindergeburtstags, und der kleine Timmy hatte gerade das blaue Auto ausgepackt, das er sich-«

»Auch Mädchen können mit Autos spielen. Und außerdem galten die Farben Pink und Rosa noch bis ins 19. Jahrhundert als Farben von adligen Männern, also mächtigen Patriarchen, was die genau gegenteilige Umdeutung in unserer auf sexueller Ausbeutung basierenden Gesellschaft erfahren hat.«

»…«

»…«

»Und du bist wirklich erst sechs Jahre alt?«

»Japp.«

»Na schön. Solange du jetzt nicht mit Bio-Gelaber ankommst, dann-«

»Das Bio-Siegel ist nur Augenwischerei. Es gibt kein richtiges Leben im falschen, und da Bio-Produkte im Kapitalismus existieren, sind auch diese nur eine Wohlfühlauszeichnung für Nutznießer*innen des selbstzerstörerischen und menschenfeindlichen Systems.«

»Du meine Fresse, jetzt halt endlich dein Maul! Ich wollte hier eigentlich eine Gruselgeschichte erzählen, in dem eine unbekannte Person in ein Haus einbricht, eine viertel Zwiebel klein schneidet, 250 Gramm Hackfleisch mit drei Esslöffeln Ketchup mischt und das alles anbrät. Diese uninspirierte Mische wird dann auf Fertigblätterteig in Kreisform geklatscht, und aus Teigresten werden dann noch Gesichter gelegt. Die sind hässlich, sag ich dir, pikant und hässlich zugleich!«

»…«

»…«

»Sie wissen aber schon, dass Schönheitsideale ein Konstrukt der Gesellschaft sind, im Mittelalter beispielsweise war das Schönheitsideal bleich und leicht übergewich-«

»Aaaaah! Oh mein Gott! Wie nervig kann ein Kind sein, das man entführen will! Komm, vergiss es! Vergiss es einfach! Du bist schlimmer als jedes pikante Gesicht, heilige Scheiße!«

Zucchini-Dampfer

Zucchini - Dampfer

gefüllte Zucchini

Zutaten

4	Zucchini, kurze, dicke
550 g	Hackfleisch
3 m.-große	Möhre(n)
1 EL	Schmand
1	Ei(er)
	Semmelbrösel
4 EL	Käse, gerieben
	Mayonnaise
n. B.	Pommes Frites

Tschuu, Tschuu! Es gibt einen Dampfer, der immer fährt, und der heißt Qualität … angeblich. Betrachtet man allerdings dieses Wunderwerk der menschlichen Ingenieurskunst, fühlt man sich in die Zeit vor der industriellen Revolution zurückgeschickt. Inwiefern eine Zucchini mit Fleischklopsen darauf und drum herum einen Dampfer mimen soll, bleibt ein Rätsel der Technik. Auch die Kroketten, die vermutlich etwas wie die Reling nachahmen sollen, haben sich in einem Anflug von Selbstreflexion bereits über die Kante gestoßen. Nur das Karottenfähnchen flattert standhaft im Wind der Dunstabzugshaube. Als kleiner Trost bleibt die Vorstellung, dass zwei mickrige Pommes diesen Dampfer bewohnen und eine verbotene Liaison beginnen. Draw me like one of your french fries. Dieser Dampfer kann nur untergehen: Eisbergsalat voraus! Und guten Hunger!

Zubereitung

Alle Mann an Board! Dieser Dampfer fährt unter der Flagge der gottverdammten Möhre! Ich diffamiere jeden als jämmerlichen Smutje, der nicht sofort das obere Drittel seiner Zucchini abschneidet und den unteren Teil aushöhlt. Rest Zucchini und Möhren richtig piratenmäßig klein hacken, natürlich erst aus den Möhren die Flaggen ausschneiden, klar. Jetzt aus einem Teil des Hackfleischs, zusammen mit bisschen Ei und Semmelbröseln, ein paar Schornsteine formen und den Rest mit dem klein gehackten Gemüse anbraten. Geben Sie ruhig noch ein bisschen Schmand mit dazu, sonst wird es am Ende noch gesund oder so, denn wir wollen den Skorbut. Dieser frisch zubereitete »Schatz« muss jetzt natürlich versteckt werden. Ach, was ist denn das? Eine ausgehöhlte Zucchini? Krass! Rein da mit dem Scheiß! Ab in den sogenannten wärmsten Ozean der Welt, den Ofen. 13 Minuten und ne Buddel voll Rum bei 200 Grad Umluft, dann Käse drauf, noch mal 10 Minuten, klar machen zum Entern! In der Zwischenzeit haben Sie schon

Pommes gemacht und die komischen Hackschornsteine ange-braten. Jetzt, Moment, ich muss lachen, jetzt, haha, stecken Sie die Schornsteine auf Ihren komischen Kahn und, ohne Witz, machen Sie irgendwie die Mayonnaise da als Rauch drauf. Noch Pommes als Reling, und schon können wir alle gemein-sam den Hals hinunterfahren. Kotze in Sicht!

Gefüllte Schildkröte

Gefüllte Schildkröte

Hackfleisch

Zutaten

1 kg	Hackfleisch
2	Ei(er)
2	Zwiebel(n), gewürfelt
3 EL	Paniermehl
	Salz und Pfeffer
	Paprikapulver
200 g	Kräuterfrischkäse
48	Frühstücksspeck, in dünnen Scheiben
18 kleine	Würstchen (Grillwürstchen)

Kennen Sie das? Sie wollen schneller sterben, haben aber keinen Bock zu rauchen und zu viel Angst vor Extremsport? Kein Problem! Lassen Sie sich von Hanuta86 einfach die gefüllte Fleischschildkröte mit dem treffenden Untertitel »Hackfleisch« verschreiben. 3-mal täglich 1 Kilo Hack,

18 Würstchen und 48 Scheiben Bacon, und schon verengen sich die Arterien von ganz alleine, wenn Sie nur die Kühlschranktür öffnen, nur um die Zutaten rauszuholen! In spätestens einer Woche sollten Sie gleichzeitig unterernährt und übergewichtig sein. Zu Risiken und Nebenwirkungen fragen Sie Ihren Arzt oder Doktor Oetker. Mögliche Nebenwirkungen: übertriebene Benutzung des Wortes »Bro«, plötzliches Verlangen danach, T-Shirts ohne Ärmel oder mit voll lustigen Sprüchen anzuziehen, freiwilliger Eintritt in eine Burschenschaft und andere Symptome des körperlichen, geistigen und moralischen Verfalls. Guten Hunger!

Zubereitung

Ein kleiner Fuchs ging durch die Wüste. Schon lange hatte er nichts mehr gegessen, und sein Weg war noch lang, denn er humpelte. Auf der Jagd nach einer Schildkröte hatte er sich seine rechte Pfote verstaucht. So wanderte der Fuchs drei Tage und drei Nächte, bis er nicht mehr konnte und erschöpft zusammenbrach. So lag er und spürte die Trockenheit seiner Schnauze und die Leere seines Magens. Da kam die Schildkröte vorbei, die er versucht hatte zu essen, und sagte: »Oh. Hallo, Fuchs. Wie geht es dir?« Der Fuchs hob seinen Kopf und röchelte. »Geht es dir nicht gut, Fuchs?« Doch das bepelzte Tier war zu schwach, um zu antworten. »Ach, Fuchs«, seufzte die Schildkröte. »Wenn du nur das Wort ›Hilfe‹ herausbekämst, dann wüsste ich, dass ich dir helfen soll. Ich könnte Wasser holen.«

»Hi-hi-hilfe«, krächzte der Fuchs.

»Oh, Fuchs, gerne helfe ich dir. Aber vergiss nicht, was ich damit für dich tue. Du wirst danach bitte nie wieder versuchen, mich zu fressen, und vielleicht können wir sogar Freunde werden. Ja?«

Mit letzter Kraft nickte der Fuchs.

Die Schildkröte verstand, ging und kam nie wieder. Vorsätzlich und kichernd ließ sie den Fuchs verdursten, der voller Hoffnung elendig dahinsiechte.

Was will uns dieses positive Märchen sagen? Alle Schildkröten sind herzlos. Und Arschlöcher. Wenn Sie also Ihren Hass gegenüber Schildkröten freien Lauf lassen wollen, dann vermischen Sie 1kg Hackfleisch mit 2 Eiern, 3 Esslöffeln Paniermehl, 2 klein geschnittenen Zwiebeln und Gewürzen, und formen Sie daraus 6 Kugeln. In diese drücken Sie mit Ihrer Schildkrötenhasserfaust jeweils eine Kuhle und füllen diese mit Verachtung sowie mit gut 1 TL Kräuterfrischkäse. Dann verschließen Sie die Kugel über dem Frischkäse. Ihre Schildkröte hat jetzt sozusagen Frischkäsekrebs. Sehr gut.

Um ein Panzermuster zu simulieren, benötigen Sie pro Kugel 8 Speckstreifen. Das macht bei dieser Portion 48 Speckstreifen. Anscheinend hassen Sie auch Schweine, aber das lassen wir heute mal gut sein. Pro Kugel müssen die Speckstreifen zu vier waagerechten und vier senkrechten Streifen »verwebt« werden, damit die Optik eines Arschkrötenpanzers entsteht. Legen Sie die Hackkugel in die Mitte des »Speckwebteppichs« (side note: wäre auch als Pulli schön) und falten Sie den Speck um die Kugel.

Dann werden pro Kugel drei kleine Würstchen benötigt. Zwei davon werden halbiert.

Das eine ganze Würstchen wird als blind-glotzender Kopf und die halben Würstchen als Arme und Beine seitlich in den Hackkorpus geschraubt, Sie kleiner Doktor Frankenstein. Dann machen Sie es wie die Schildkröte in der Wüste (der

Ofen der Natur) und erhitzen die Fleischbälle bei 200 °C ca. 45 Minuten. Aber Achtung! Essen Sie dieses Gericht zu oft, wird es Ihnen wie der Schildkröte ergehen: Sie werden herzlos. Danke, Cholesterin, für nichts.

Fischstäbchen-Auto

4/5　　　　　　　　　　　　　　　Foto von nasenraupe

Fischstäbchen-Auto

kreativ für Kinder angerichtet, Kindergeburtstag

Zutaten

6	Fischstäbchen
	Fett, zum Anbraten
$^1/_2$	Zucchini, oder Möhre (als Räder)
2	Radieschen

Wrumm wrumm, was kommt denn da angefahren? Geschmack kennt kein Tempolimit bei unserem heutigen kulinarischen Unfall. Damit sind die Kleinen erst mal versorgt, welches Kleinkind träumt nicht von Rädern aus Zucchini. Unser Tipp: Fahren Sie dieses leckere Gefährt direkt in die Mülltonne! Guten Hunger!

Zubereitung

»Für jedes Auto 4 Räder« heißt es in der Anleitung zu diesem visuell-kulinarischen Knaller, aber lassen Sie sich davon bitte nicht aufhalten, komplett auszurasten. Bauen Sie Ihr Fischstäbchen-Auto mit so vielen Rädern, wie Sie wollen. Bauen Sie von mir aus ein Fischstäbchen-Flugzeug oder einen richtigen Fischstäbchen-Panzer. So oder so werden Sie nicht darum herumkommen, die Fischstäbchen nach Packungsanleitung zuzubereiten und die Zucchini oder Möhre in Scheiben zu schneiden, das ist klar. Aber was Sie dann mit den leckeren kleinen Bausteinen anstellen, das kann Ihnen doch wirklich niemand vorschreiben. Nehmen Sie Zahnstocher und friemeln Sie los. Bauen Sie sich Ihre eigene kleine Fischstäbchen-Diskobolos-Statue mit einer Möhre als Diskusscheibe und einem Radieschen als Kopf. Legen Sie das Haus vom Nikolaus mit Fischstäbchen. Bauen Sie, machen Sie, legen Sie, egal. Alles ist erlaubt, wenn es darum geht, sich davon abzulenken, dass man schon den zwölften Tag in Folge wieder nur Fischstäbchen mit Möhre und Radieschen isst. Hätten Sie mal nicht bei diesem unsäglichen Gewinnspiel von Käpt'n Iglo mitgemacht. Jetzt lagert der Jahresvorrat Fischstäbchen in Ihrer Tiefkühltruhe und ruft von dort leise Ihren Namen, zieht Sie an den Herd, immer und immer wieder. »Noch ein Fischstäbchen, nur noch eins«, murmeln Sie in sich hinein und bauen ein weiteres Fischstäbchen-Auto, parken es im Kühlschrank, neben den etlichen anderen. Bald sind alle Autos fertig, für den Kindergeburtstag. Aber Moment mal, Sie haben ja gar keine Kinder. Sie haben nur Fischstäbchen, unendlich viele Fischstäbchen. Scheiße.

Bierpudding für Kinder

Bierpudding für Kinder

Zutaten

2 Beutel	Götterspeise, Zitrone
1000 ml	Wasser
200 g	Zucker

Kinder werden heutzutage einfach nicht früh genug an Alkohol herangeführt. Um dem entgegenzuwirken und die Steuereinnahmen langfristig und stabil zu Rekordhöhen zu treiben, müssen in den Köpfen der kleinen Racker Bier und Spaß so früh wie möglich assoziativ verknüpft werden. Und sollte der Kindergeburtstag trotzdem noch zu langweilig sein, einfach mit richtigem Bier vertauschen. Den Bayern-Opa freut's. Guten Hunger!

Zubereitung

Eins, zwei, drei,
hast du Langeweil?
Vier, fünf, sechs,
dann lies diesen Text.
Sieben, acht, neun und zehn,
dann wird's dir gleich besser gehn!
Du willst Nachtisch-Scheiße?
Nimm dir Götterspeise!
Zwei Beutel Zitronen-
geschmack, das wird sich lohnen!
Auf der Packung steht,
wie das Kochen geht.
Aber nur Dreiviertel
wird zum Wackelmörtel!
Einen Teil aus vieren
wird zum Schaum der Bieren,
indem man, wenn noch wässrig,
mit Rührgerät verfestigt.
Danach sieht's aus wie Schaum,
jetzt lasst uns Bierchen braun!
Pudding in das Glas,
danach Schaumkron'spaß!
Genieß nun das Ambrosia,
und schon bist's Alkoholiker!

Gartenliebes bunter Spieße-Igel mit Gummibären

`11/12` Foto von neuvenedig

Gartenliebes bunter Spieße-Igel mit Gummibären

toll für Kinderpartys, Fasching, kultige Feten, Buffet, Silvester, Fasching

Zutaten

1 Tüte/n	Gummibärchen (Saft-Gummibären)
1 Stück(e)	Käse nach Wahl (z. B. Gouda, Butterkäse ...), ca. 300 g
1 Pck.	Mozzarella (Minis)
1 Pck.	Frikadelle(n), kleine oder Party-Bällchen, evtl. selbst gemacht
7	Cocktailtomaten
8	Radieschen
3	Paprikaschote(n), rot, gelb, orange
n. B.	Weintrauben, kernlose
1 Handvoll	Erdbeeren
100 g	Salami, kleine Scheiben

Der Igel. Ein muggeliger Zeitgenosse und Garant für wackelige Straßenüberquerung. In alten Zeiten als Herbstbringer verehrt. Und nun endlich ein Igel, der Ihrem Kind auf passiv-aggressive Weise sagt: Charakterlich bist du schon okay, aber vom Face her halt durchgefallen. Das Kind wünscht sich zum Geburtstag Gummibärchen, Erdbeeren, Würstchen, Frikadellen, alles, was es eben so mag. Dillern Sie seine Vorlieben und Träume wahllos in einen Salat und hauen Sie den Spaß mit den Worten: »Da. Haste dir ja so gewünscht …« auf den Tisch. Das Kind wird merken, ja, das war der Wunsch, aber doch nicht so, nicht zu diesem Preis! Werden Sie, als endlich respektierte Autorität, selbst zu diesem Igel. Werden Sie unnahbar. Denn die Nichtumarmbarkeit der Igelessenz wohnt diesem putzigen Wesen ob der Stacheln doch inne! Betten auch Sie sich nach einem erfolgreichen Kindergeburtstag auf eine geistige Wienerwürstchenmatratze und genießen Sie den herzhaften Geruch von Enttäuschung. Guten Hunger!

Zubereitung

Nehmen Sie einfach alles, was Sie in der Küche noch so haben, und werfen Sie es, zusammen mit einem Kohlkopf und ein paar Zahnstochern, in Ihre Waschmaschine. Dann schalten Sie den Schleudergang ein, auf die höchste Stufe, und lassen das alles mal gehörig durchwirbeln. Ist der Schleudergang abgeschlossen, füllen Sie den Inhalt der Waschmaschine in eine Küchenform, stellen diese zum Buffet und behaupten, dass es sich um einen bunten Spieße-Igel mit Gummibären handelt. Wenn Gäste sagen, dass das Ding scheiße aussieht oder ungenießbar ist, oder wenn diese Freaks tatsächlich die Dreistigkeit besitzen, zu behaupten, Gummibärchen, Erdbeeren,

Salami und Mozzarella würden nicht zusammenpassen, dann bekommen sie einfach ein bisschen Gartenliebe von Ihnen zu spüren. Die gestaltet sich so, dass die Gäste, im Garten, mit voller Wucht die Kieselsteine küssen dürfen. Guten Appetit, Ungläubiger. Wer Igel nicht mag, kann nur ein schlechter Mensch sein.

Getränke

Topf – der wohl größte Cocktail der Welt

Foto von MaximWst

Topf - der wohl größte Cocktail der Welt

Zutaten

350 ml	Wodka
1 Dose	Red Bull
300 ml	Cola
300 ml	Fanta
300 ml	Orangensaft mit Fruchtfleisch
evtl.	Eis, gewürfeltes

Größer, schneller, weiter! Das ist der Beweis, dass man anscheinend auch mit 14 schon Rezepte bei Chefkoch einsenden darf. Die Gleichaltrigen werden staunen. Immerhin bringt »der wohl größte Cocktail der Welt« insgesamt 1,5 Liter auf die Waage. Das ist schon krass groß, und man braucht auf jeden Fall einen Topf dafür und nicht etwa nur eine etwas größere

Kanne. Laut Rezept sind das 4 Portionen, macht pro Pubertierendem circa 400 ml flüssiges Sodbrennen, und das hat immerhin ganze 9,33 Prozent. Falls dir beim Paffen hinter der Sporthalle trotzdem keiner glaubt, dass Sie gestern »echt krass besoffen, lol« waren, drohen Sie einfach mit Prügel nach der sechsten Stunde. Klappt immer. Cool! Das, was da vorne im Topf schwimmt, ist übrigens eine Salzstange, warum auch immer. Hat vermutlich irgendwas mit Snapchat zu tun. In Fachkreisen wird dieses Getränk auch »Verpiss dich aus meiner Cocktailbar« genannt. Guten Durst!

Zubereitung

Bevor wir loslegen, Diggi (du wirst nicht gesiezt, du bist noch minderjährig, wenn du dieses Rezept nachkochen willst), streich dir ein bisschen Gel in die Haare, setz deine Cap falschrum auf, schwing dich auf deine Rollerblades, und ab geht's zur wilden Lucy (die hat angeblich neulich in zehn Minuten drei Bier geext, was doch eigentlich gar nicht möglich ist, aber wäre schon cool, wenn's stimmt, und wer weiß das schon so genau. Bier schmeckt dir eigentlich sowieso nicht, aber trinken tust du es doch. Einfach Kopf in den Nacken, lächeln, möglichst nicht die Miene verziehen und »Boooaaah … Mhm. Lecker. Bier« sagen).

Aber hey, watch out! Die krasse Koch-Session findet nach 22 Uhr statt, schleich dich also leise aus dem Haus, damit deine Alten nichts davon mitbekommen, checkst du das? Easy. Nice. Geilomatico. Rollerblade durch die Nacht zu Steffis Haus. Steffi ist zwar supernett, aber du hast natürlich nur Augen für die supercoole Lucy (vielleicht stimmt das mit dem Bier ja am Ende doch).

Sobald du bei Steffi angekommen bist, entschuldigst du dich erst mal kurz, aufs Klo. Keine Sorge, ist nur ein Vorwand. Pack jetzt dein Bodyspray aus, du bist hergerollt wie ein junger Gott mit unkontrollierbarem Hormonhaushalt, und du schwitzt wie eine dumme Sau. Ordentlich nachsprühen. Es reicht übrigens nicht, das nur knapp eine Sekunde auf die Achselhöhlen zu schmettern, aus denen langsam eine dünne Krauselfauna sprießt. Halte 20 Minuten die Luft an und wirbele golden chocolate als einen See der Sexyness um dich herum. Gut. Jetzt raus, Lucy einmal kurz Hallo sagen (wobei du glaubst, dass du Hallo gesagt hast, eigentlich hast du elf Sekunden lang unangenehm in ihren Ausschnitt gestarrt und irgendwas gemurmelt, was keiner verstehen konnte), und jetzt wird ausgepackt.

BOOM! Eine Dose Red Bull, die Party geht die ganze Nacht! WOW! Cola UND Fanta?! Wie hart du rebellierst, lass das nicht deinen Zahnarzt wissen, sonst muss die Spange länger drinbleiben! SHEESH! Drei. Hundert. Fünfzig. Milliliter reinsten Wodka. Alter. Wo du das herhast, frage ich dich? Ein cooler Dude bleibt mysteriös und verrät nichts! (Da lag noch ne halb volle Flasche neben dem Mülleimer hinter dem Rewe.) Ach ja, und weil es draußen langsam ein bisschen kälter wird, auch bitte den Orangensaft mit Fruchtfleisch dazu.

Alle rasten aus. Du bist der Held, endlich angekommen, endlich cool. Hat Lucys Schulter gerade deinen Rücken berührt? War das Absicht?

Egal, du bist noch nicht fertig. Alle Augen ruhen noch auf dir, Hände klopfen dir auf die Schulter. Doch du? Du zückst eine Salzstange. Sie schauen dich fragend an, wirst du sie essen? Du lächelst. Und lässt sie in den Topf fallen. WAAAS?! Totally random, bro! Da ist wieder Lucys Schulter, und Tim high-fived dich in das Zentrum der Beliebtheit. Yes!

Aber das Beste kommt erst noch. Die Truppe hat Bock, die Truppe ist heiß, sie alle wollen Topf kosten. ABER ALLES NUR FÜR DICH ALLEIN! HAHA! LOL! Epic prank! Alle lachen. Da ist Lucys Schulter, und deine rechte Hand tut weh vom ganzen Einschlagen, du lachst und sippst an »Topf«. Nur Steffi sieht enttäuscht, sogar traurig aus. Den ganzen Abend hast du kein Wort mit ihr gewechselt.

Kiwi-Cola

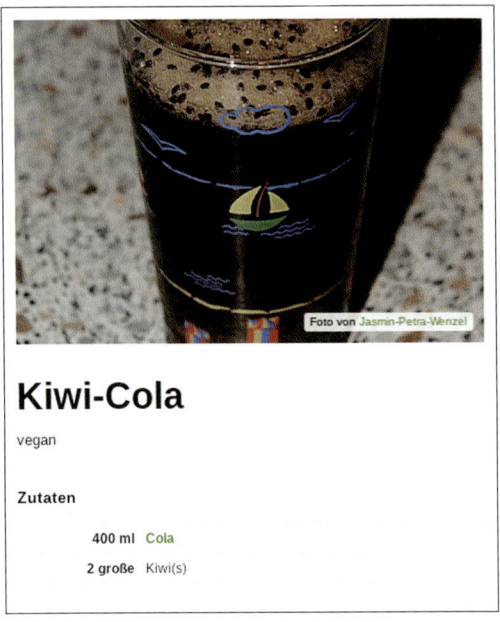

Kiwi-Cola

vegan

Zutaten

400 ml	Cola
2 große	Kiwi(s)

Foto von Jasmin-Petra-Wenzel

Nach Freundschaftsanfragen auf Facebook, dem Benutzen des Wortes Yolo und dem Klassiker der zu hoch angesetzten High Five hier also der nächste verkrampfte Versuch von Erziehungsberechtigten, »den Swag aufzudrehen«, wie die Kidz heutzutage sagen. Das Kind mag Cola? Hm, das ist aber auch ungesund. Lieber mal zwei große Kiwis zum Zirkulieren bringen, das wird Obst sicher wieder »knorke, hipp, gar spritzig« machen, um im Jugendslang zu bleiben. Diese coole Mische aus Kiwi und Cola wird dann püriert, also keine Sorge, falls sie Angst vor Kohlensäure haben. Enden wir mit einem Hip-Hop-

Zitat für unsere junge Zielgruppe. Wie sagte doch der Rapper TwoPack so schön? Bippedi boppedi, give me that zoppedi. Guten Durst!

Zubereitung

Ja, welcher alte weiße Mann hat eine Midlifecrisis?! Ja, welcher denn?! Du etwa? Ja, feiiin, feiiin, komm, da hab ich was für dich, du kleiner Muggelpuh. Du willst dich also mal wieder so richtig lebendig fühlen? Du hast zwanzig Jahre deines Lebens sechs Tage die Woche jeden Tag zehn Stunden geschuftet, fühlst dich jetzt ausgebrannt, hast aber keine Ahnung, wieso? Und aus irgendeinem Grund ist deine Tochter depressiv, dein Sohn magersüchtig, deine Frau abweisend, und niemand will etwas mit dir zu tun haben? Ja dann scheiß auf die gottverdammten Versager! Was haben die denn je für deine Karriere getan? Mimimi-Papa-spiel-mal-mit-mir-mimimi-Du-bist-nie-zu-Hause-mimimi-Ich-betrüge-dich-mit-deinem-besten-Freund-mimimi. Trenn dich von deiner nervenden Frau und unterschreibe die Scheidungspapiere mit einem gekonnten Dab! Sag deiner langweiligen Tochter, dass sie ein Unfall war, und nenn deinen gummiweichen Sohn nur noch »Fettifettibummbumm«! Wähl rechts oder neoliberal, alles egal, Hauptsache, das schwarzverkrustete Herzchen schüttet wieder hormonelle Geilheit aus! Und dann los, weg mit dir, rolle auf deinen vergoldeten Heels in die Freiheit, rolle hinfort, in Richtung Horizont, die Linie, an der sich Sehnsucht und Fürchten treffen! Und färb dir die erschreckend zurückgewichene Tonsur, die du Haare nennst, wasserstoffblond, nein, das ist keine Verzweiflung, du kannst das tragen! Ernähre dich jetzt nur noch von den on fleekigsten Drinks, vergiss deine morgendliche Espresso-Redbull-Aufputschmittel-Mischung! Jetzt ist Bio angesagt, so ernährt sich zumindest deine neue, zwanzig Jahre jüngere Freundin, die dich natürlich nicht nur für dein Geld liebt und zu der du dich natürlich nicht nur wegen ihres Äußeren hingezogen fühlst. Fülle für den hippen In-Drink 400 Milliliter Cola in den Thermomix, den du deiner Exfrau damals zu eurem Zehnjährigen geschenkt hast, und wirf noch zwei Kiwis dazu. Zerhäcksel den ganzen Scheiß, wie du dein gesamtes bisheriges Leben zerhäckselt hast. Kipp die klumpige Masse direkt in die Verfaulungshöhle. Jetzt verteilst du diese kohlensäurearme Masse auf deiner Zunge und merkst: Sie schmeckt leer. Alles schmeckt leer. Oh Gott, was hast du getan?! Wie konntest du so viele Jahre nur wegwerfen wie ein gebrauchtes Taschentuch, abgewischt und zerknüllt. Fang jetzt an zu weinen und die letzten Wochen zu bereuen. An dieser Stelle ist es möglich, mit einer gut dosierten Übernase Aufputschmittel die Schuldstimmen im Kopf zu beenden.

Forrest Gump

Foto von Bambusbjörn22

Forrest Gump

Zutaten

4 cl	Likör (Saurer Apfel)
200 ml	Milch

»Lieber Gott, mach aus mir einen Vogel, damit ich wegfliegen kann. Weit weit weg... « So we meet again, Saurer Apfel, auch bekannt als die Nemesis der pubertierenden Halbstarken. Ich dachte immer, dass alle Menschen irgendwann checken, dass man auch einfach Likör trinken kann, der nicht so schmeckt, als hätte ein verrückter Nachfahre von Mendel jahrelang die allerletzten Grabbeläpfel gekreuzt. Aber dann gibt es natürlich noch die, die sich stattdessen denken: »Saurer Apfel? Lecker, aber da fehlt noch was.« Ja, was fehlt denn da noch? Milch natürlich. Milch und Saurer Apfel. Säure und Milch vertragen sich ja bekanntlich ausgezeichnet. Immerhin weiß man bei dieser Schachtel Pralinen genau, was man kriegt: Durchfall. Ich bin kein kluger Mann, aber ich weiß, was scheiße schmeckt. Guten Durst!

Zubereitung

Die Zubereitung besteht nur aus einem einzigen Satz. Viel zu leicht. Wir haben diesen Satz also kräftig durchgeschüttelt, um es ein bisschen schwieriger zu machen. Holen Sie bitte Ihre Bastelschere und schneiden Sie die folgenden Wörter aus diesem Buch aus: Guten Einfach Einen »Saurer Apfel« Milch Die In Geben Schluck. So, da haben Sie Ihr eigenes kleines Forrest-Gump-Zubereitungspuzzle. Viel Spaß beim Zusammensetzen und anschließend beim Genuss dieses tollen Drinks. Übrigens, weil Sie die Schere gerade ohnehin zur Hand haben. Scheuen Sie sich bitte nicht, auch alle anderen Wörter aus diesem Buch auszuschneiden und nach Ihrem Belieben neu zu sortieren. Gerade aus diesem Grund haben wir ausschließlich handgepflückte Premium-Wörter verwendet. Falls Ihnen dieses Buch nicht gefallen sollte, basteln Sie es sich also einfach so zurecht, dass es genau Ihren Geschmack trifft. Da haben Sie's. Ab jetzt sind Sie selber schuld, wenn Sie nicht lachen.

Draculalikör

Draculalikör

Zutaten

	20	Knoblauchzehe(n)
1 Flasche		Schnaps. (Doppelkorn)

Wollten Sie auch schon immer Buffy, die Vampirjägerin, sein, aber halt in strunzbesoffen und stinkend? Dann haben Sie Glück! Gehen Sie jetzt auf Blutsaugerjagd und stürmen Sie Schloss Dracula mit wehenden Knoblauch-Korn-Fahnen. Kritische Stimmen sagen zwar, dass das als Vampirwaffe ineffizient wäre, da man den Scheiß vier Wochen stehen lassen muss und das sehr viel Aufwand für einen Likör ist (der nicht mal ein richtiger Likör ist, ich mein, das ist einfach Schnaps mit Knoblauch). Aber guess fucking what: Diese Leute brauchen Sie nicht in Ihrem aufregenden Vampirjäger-Lifestyle. Und spätestens, wenn Sie hackendicht über dem Aschehaufen knien, der einst Dracula war, und Ihr Atem wie eine Armee Untoter gen Himmel stinkt, werden sich diese negativen Leute schön von Ihnen fernhalten. Was übrigens ein Anzeichen dafür ist, dass alle Ihre ehemaligen Freunde Vampire sind. Besser, Sie bringen sie alle um. Guten Durst!

Zubereitung

Treten Sie näher, treten Sie näher und bewundern Sie den einzigartigen, den großen Knoblaucho! Halb Zauberer, halb Knoblauch! Halten auch Sie den Atem an, wenn er ganz nah an Ihr Gesicht tritt und fragt, ob dies die Knolle sei, die Sie sich gemerkt haben! Halten Sie den Atem an vor Staunen und Stinken!

Die Legende besagt, Uri Geller habe einst eine Knoblauchzehe mit einem Löffel verflucht – der große Knoblaucho! Zu seinen Tricks gehören, mit nichts als seinem Atem wildfremden Menschen die Tränen in die Augen zu treiben! Hypnose! Assistentinnen und Assistenten fallen in Ohnmacht, wenn er ihnen das magische Wort in die Nase flüstert. Und was für ein Wort das ist, ist völlig egal! Schon Tote sind nach einer Knoblaucho-Mundzumundbeatmung zu uns Lebenden zurückgekehrt!

Die Legende besagt außerdem, ein radioaktiver Zauberer habe in eine Knoblauchzehe gebissen – der große Knoblaucho! Was haben Sie da hinter Ihrem Ohr? Ist es etwa Knoblauch? Wer hätte das gedacht! Der große Knoblaucho, der Menschendenker! Werden auch Sie Zeuge, wie er Ihre Gedanken wie Wörter in einem offenen Buch liest: »Oh Gott, hoffentlich kommt dieser Typ nicht näher! Der stinkt wie ein Dutzend toter Iltisse in einem Zimmer eines 13-Jährigen, der gerade zum ersten Mal seinen Körper entdeckt hat und seine Taschentücher überall rumliegen lässt!« Der große Knoblaucho, er ist fanatisch – äh … fantastisch!

Kritiker sagen, er sei einfach ein Dulli-Zauberer, der vor jeder Show ne ganze Flasche Doppelkorn exhumiert, in welcher vorher für vier Wochen 20 Knoblauchzehen eingelegt worden waren, aber was wissen diese 20garlic1cup-Hater schon?! Er ist der Magnifico Stinkonzo, der Grande Kotzini, the greatest shits, es ist – DER GROßE KNOBLAUCHO!

PS: Klatschen Sie jetzt, oder er haucht Ihnen Leben ein. Und Ihren Lebenswillen aus.

Gute Laune Cola

Gute Laune Cola

nach einem alten Familienrezept

Zutaten

4	Eiswürfel
200 ml	Cola
200 ml	Rum, (Captain Morgan Black)

Foto von Gelöschter Benutzer

Schlechte Laune? Nie wieder! Mit diesem muttergemischten Wundermittel nach altem Familienrezept. Knistern Sie sich einfach ein paar eiskalte Gute-Laune-Colas in die Rüstung und vergessen Sie mal die ganzen Sorgen. Beim Job nur Stress und zu Hause nichts als Geschrei? Gute-Laune-Cola! Jemand hat den hässlichsten Kerzenständer der Welt auf Ihre mühevoll selbst gehäkelte Tischdecke gestellt? Gute-Laune-Cola! Die Gute-Laune-Cola ist leer? You know it! Mehr Gute-Laune-Cola! Nach ein paar Gläsern von diesem Überfliegergetränk wird die Laune oft so gut, dass die Leute kotzen könnten vor Freude. Wenn Sie vor lauter guter Laune in die alte Glasvitrine von Oma gerasselt sind und sich in den Scherben Ihr blutendes Gesicht spiegelt, haben Sie alles richtig gemacht. Aufstehen, lächeln, Goldkrone richten. Lassen Sie sich nicht beirren, wenn besorgte Familienmitglieder Ihnen die gute Laune verderben wollen. Alles ist gut, die Welt ist toll, wir haben gute Laune. Profis benutzen diese komischen teuren Eiswürfel, die es nicht im Supermarkt, sondern nur im Stadtpark gibt. Die machen das Getränk zwar nicht kälter, aber huiii gute Laune! Guten Durst!

Zubereitung

Diese 10 herzerwärmenden Tipps, um bessere Laune zu bekommen, werden Ihr Leben verändern. Bei Nummer 7 musste ich weinen.

1. Nehmen Sie 4 Eiswürfel zur Hand. Platzieren Sie ein Glas vor sich. Schauen Sie jedem Eiswürfel tief in die Augen und heften Sie ihm, in Ihrem Kopf, einen schlechten Gedanken an. Das kann alles Mögliche sein. Sie haben zum Beispiel zu wenig Geld, oder Ihre Kollegen öden Sie an? Projizieren Sie das auf einen Eiswürfel und werfen Sie ihn in das Glas. Wiederholen Sie das Prozedere für die restlichen Eiswürfel.

2. Schauen Sie sich an, wie niedlich Ihre schlechten Gedanken in dem Glas gebündelt herumliegen und langsam schmelzen. Fühlen Sie sich schon besser? Nein, natürlich nicht, wir sind ja auch erst bei Tipp 2.

3. Nehmen Sie Ihre Flasche Captain Morgan Black aus dem Regal und vergewissern Sie sich mit einem großen Schluck, dass er noch gut ist. Besonders zu empfehlen, wenn Sie noch nicht gefrühstückt haben.

4. Kippen Sie 200 ml von dem aromatischen Rum auf die Eiswürfel. Vergewissern Sie sich, mit einem großen Schluck direkt aus der Flasche, dass der Rum nach wie vor gut ist.

5. Jetzt wird es komplizierter. Kippen Sie noch 200 ml Cola hinterher. Nehmen Sie lieber etwas weniger, sonst kann es schnell zu sehr nach Cola schmecken.

6. Ballern Sie sich die 400 ml Gute-Laune-Cola in die Gusche. In einem Schwung, alles rein. Zerkrachen Sie mit Ihren messerscharfen Zähnen die Eiswürfel und damit die schlechten Gedanken. Die Welt gehört Ihnen, Sie sind der Mittelpunkt der Erde.

7. Weinen Sie. Was um Himmels willen haben Sie gerade getan? Es ist Mittwoch 9:30 Uhr. Eigentlich wollten Sie vor einer halben Stunde im Büro sein. Sie haben komplett die Kontrolle über Ihr Leben verloren!

8. Ab ins Badezimmer. Kaltes Wasser ins Gesicht. Beruhigen Sie sich! Vielleicht ist der Chef noch gar nicht da, und es fällt nicht auf, dass Sie zu spät sind. Diese Scheiß-Arbeit, ey. Die zahlen Ihnen eh viel zu wenig. Wenn wenigstens die Kollegen nicht so langweilig wären …

9. Da sind sie wieder, die schlechten Gedanken. Verdammte Axt, hoffentlich sind noch Eiswürfel da.

10. Nehmen Sie ein neues Glas und wiederholen Sie die Schritte 1 bis 9. Das alte Glas zerschmettern Sie an der Küchenzeile. Es ist mit den negativen Gedanken des Geschehenen behaftet und darf nicht mehr benutzt werden!

Vielen Dank an Christine Brinkmann.

Große Tour ab Herbst 2018:
»Worst of Chefkoch«
live und hautnah!

Fr.	21.09.18	CH-Engelberg, Alpenclub
Di.	25.09.18	Bonn, Pantheon
Do.	27.09.18	Worms, Popup-Festival
Di.	16.10.18	Trier, Tufa
Mi.	17.10.18	Darmstadt, Centralstation
Do.	18.10.18	Marburg, KFZ
Fr.	19.10.18	Schwäbisch Gmünd, Esperanza
Fr.	02.11.18	Dresden, Scheune
Sa.	03.11.18	Erfurt, Franz Mailhose
So.	04.11.18	Leipzig, Kupfersaal
Mo.	05.11.18	München, Volkstheater
Do.	13.12.18	Dortmund, Junkyard
Fr.	14.12.18	Münster, Kap.8
Sa.	15.12.18	Osnabrück, Lagerhalle
Do.	10.01.19	Berlin, Festsaal Kreuzberg
Mi.	16.01.19	Essen, Zeche Carl
Do.	17.01.19	Kiel, Studio
Fr.	18.01.19	Hamburg, Nochtspeicher
Sa.	19.01.19	Rostock, Audimax der Uni
So.	20.01.19	Lüneburg, Ritterakademie
Do.	24.01.19	Koblenz, Kufa
Fr.	25.01.19	Heidelberg, Karlstorbahnhof
Do.	31.01.19	Würzburg, Posthalle
Fr.	01.02.19	Nürnberg, Z-Bau
Sa.	02.02.19	Augsburg, Parktheater

Mo. 04.02.19   Kassel, Theaterstübchen
Mi. 13.02.19   Mainz, KUZ
Do. 14.02.19   Bremen, Schlachthof
Fr. 15.02.19   Bad Oldesloe, KuB
Sa. 16.02.19   Leer, Jugendzentrum
So. 17.02.19   Hannover, Pavillon
Do. 21.02.19   Bochum, Jahrhunderthalle
Fr. 22.02.19   Dietzenbach, Bürgerhaus
Sa. 23.02.19   CH-Zürich, Kosmos
Fr. 26.04.19   Freiburg, Vorderhaus in der Fabrik
Sa. 27.04.19   Reutlingen, franz.K
So. 28.04.19   Stuttgart, Merlin
Mo. 29.04.19   Frankfurt, Brotfabrik
Fr. 10.05.19   Aachen, Franz
So. 12.05.19   Bielefeld, Theaterlabor
Di. 04.06.19   Düsseldorf, Zakk

Kommt vorbei: Es wird gekocht, gelesen und gelacht!

Booking: www.tomprodukt.de

Platz für eigene Rezepte

Um die ganze Welt des
GOLDMANN-*Sachbuch*-Programms
kennenzulernen, besuchen Sie uns doch
im **Internet** unter:

www.goldmann-verlag.de

Dort können Sie
nach weiteren interessanten Büchern *stöbern*,
Näheres über unsere *Autoren* erfahren,
in *Leseproben* blättern, alle *Termine* zu Lesungen und
Events finden und den *Newsletter* mit interessanten
Neuigkeiten, Gewinnspielen etc. abonnieren.

Ein *Gesamtverzeichnis* aller Goldmann Bücher finden
Sie dort ebenfalls.

Sehen Sie sich auch unsere *Videos* auf YouTube an und
werden Sie ein *Facebook*-Fan des Goldmann Verlags!

www.goldmann-verlag.de
www.facebook.com/goldmannverlag

GOLDMANN
Lesen erleben